O fazer cotidiano na sala de aula

A organização do trabalho pedagógico no ensino da língua materna

COLEÇÃO LÍNGUA PORTUGUESA NA ESCOLA

Andréa Tereza Brito Ferreira
Ester Calland de Sousa Rosa
(Organizadoras)

O fazer cotidiano na sala de aula
A organização do trabalho pedagógico
no ensino da língua materna

autêntica

Copyright © 2012 As organizadoras
Copyright © 2012 Autêntica Editora

CONSELHO EDITORIAL DA COLEÇÃO LÍNGUA PORTUGUESA NA ESCOLA
Ana Teberosky (Universidad de Barcelona); Anne-Marie Chartier (INRP/Paris);
Artur Gomes de Morais (UFPE); Cancionila Janzkovski Cardoso (UFMT);
Ceris Salete Ribas da Silva (UFMG); Edmir Perrotti (ECA/USP); Telma Ferraz Leal (UFPE)

CAPA
Alberto Bittencourt
(Sobre imagem de Selensergen/iStockphoto)

EDITORAÇÃO ELETRÔNICA
Conrado Esteves

REVISÃO
Dila Bragança de Mendonça

EDITORA RESPONSÁVEL
Rejane Dias

Revisado conforme o Acordo Ortográfico da Língua Portuguesa de 1990,
em vigor no Brasil desde janeiro de 2009.

Todos os direitos reservados pela Autêntica Editora. Nenhuma parte desta publicação poderá ser reproduzida, seja por meios mecânicos, eletrônicos, seja via cópia xerográfica, sem a autorização prévia da Editora.

AUTÊNTICA EDITORA LTDA.

Belo Horizonte
Rua Aimorés, 981, 8º andar . Funcionários
30140-071 . Belo Horizonte . MG
Tel.: (55 31) 3214 5700

Televendas: 0800 283 13 22
www.autenticaeditora.com.br

São Paulo
Av. Paulista, 2.073, Conjunto Nacional, Horsa I
11º andar, Conj. 1101 . Cerqueira César
01311-940 . São Paulo . SP
Tel.: (55 11) 3034 4468

**Dados Internacionais de Catalogação na Publicação (CIP)
Câmara Brasileira do Livro, SP, Brasil**

O fazer cotidiano na sala de aula : a organização do trabalho pedagógico no ensino da língua materna / Andréa Tereza Brito Ferreira, Ester Calland de Sousa Rosa (organizadoras) – Belo Horizonte : Autêntica Editora, 2012. (Coleção Língua Portuguesa na Escola, 1)

Vários autores
ISBN 978-85-65381-10-9

1. Pedagogia 2. Português - Estudo e ensino 3. Práticas de ensino 4. Sala de aula - Direção I. Ferreira, Andréa Tereza Brito. II. Rosa, Ester Calland de Sousa. III. Série

12-01931	CDD-371.3

Índices para catálogo sistemático:
1. Organização do trabalho pedagógico na sala de aula :
Português : Práticas de ensino : Professores : Educação 371.3

Sumário

7 Apresentação

13 Capítulo 1
O cotidiano escolar: reflexões sobre a organização do trabalho pedagógico na sala de aula
Andrea Tereza Brito Ferreira e Eliana Borges Correia de Albuquerque

31 Capítulo 2
TIC e organização do trabalho pedagógico: conexões ilimitadas
Ivanda Maria Martins Silva

51 Capítulo 3
O livro didático de Língua Portuguesa na organização da rotina de alfabetização: modos de fazer
Marília Coutinho-Monnier

65 Capítulo 4
Ler e escrever no cotidiano escolar: há lugar para a biblioteca?
Ester Calland de Sousa Rosa

85 Capítulo 5
Atividades em grupo: que benefícios podem trazer ao processo de aprendizagem?
Telma Ferraz Leal, Severina Érika Morais da Silva Guerra e Juliana de Melo Lima

105 Capítulo 6
Tempo de brincar com textos rimados
e com jogos de análise fonológica:
o trabalho com a língua escrita na educação infantil
*Socorro Barros de Aquino, Valéria Suely S. Barza Bezerra e
Fernanda Guarany Mendonça Leite*

127 Capítulo 7
O ensino da análise linguística nas séries iniciais
*Ana Catarina dos Santos Pereira Cabral, Ana Cláudia Rodrigues
Gonçalves Pessoa e Juliana de Melo Lima*

147 Capítulo 8
Por que trabalhar com sequências didáticas?
*Telma Ferraz Leal, Ana Carolina Perrusi Brandão
e Rielda Karyna Albuquerque*

175 As autoras

Apresentação

> [...] *um bosque é um jardim de caminhos que se bifurcam.*
> *Mesmo quando não existem num bosque trilhas bem definidas,*
> *todos podem traçar sua própria trilha, decidindo ir para a*
> *esquerda ou para a direita de determinada árvore e, a cada*
> *árvore que encontrar, optando por esta ou aquela direção*
> (Eco, 1997, p. 12).

A metáfora do bosque e as escolhas que ele impõe traduzem bem, na forma de imagem, o que acontece no cotidiano escolar quando se trata de organização do trabalho pedagógico. Muitas são as trajetórias possíveis, e cada educador está acostumado a percorrer diferentes trilhas na jornada diária em sala de aula. As direções são múltiplas, o que requer constantes escolhas. A imagem do equilibrista, que vive "por um fio", também nos ajuda a pensar sobre os desafios da organização do trabalho pedagógico. Então, vejamos:

> O equilibrista ainda era bem jovem quando descobriu que ele mesmo é que tinha de ir inventando o que acontecia com o fio.
> [...] De vez em quando o equilibrista dava uma paradinha e olhava para trás: _"Puxa! Meu chão fui eu mesmo quem fiz" (Almeida, 2009).

Sendo assim, por que escrever um livro sobre a organização do trabalho pedagógico e, mais especificamente, sobre formas de organizar o ensino da língua materna no cotidiano escolar? Essa não seria uma tarefa que concerne exclusivamente a quem conduz diretamente a prática docente? Entendemos que não. Continuando com a imagem evocada por Umberto Eco, um "jardim de caminhos que se bifurcam" exige escolhas que se pautem por conhecimentos prévios, pela experiência acumulada e por constatações advindas de observações sistemáticas da prática pedagógica. Ou, se preferirmos a imagem do equilibrista, mesmo sendo responsável por tracejar o caminho de seu fio, esta não precisa ser uma tarefa absolutamente solitária.

É, portanto, no campo das escolhas, orientadas pelas finalidades de ensino e apoiadas em princípios teórico-metodológicos claramente definidos que este livro se insere. Em outras palavras, nesta obra, as autoras dos capítulos defendem que, ao se planejar o ensino, são realizadas escolhas quanto à forma de organizar as turmas e a rotina da sala de aula – em trabalhos individualizados, em duplas, em pequenos grupos, ou com o grupo-classe como um todo –, sobre a distribuição do tempo numa jornada – diária, semanal ou de determinados períodos, sobre os recursos didáticos adotados, sobre os espaços escolares onde serão desenvolvidas as práticas pedagógicas. E, ao refletir sobre essas escolhas, as autoras se apoiam em resultados de pesquisas na área, em depoimentos colhidos em processos de formação continuada de professores, bem como em aportes teóricos advindos do referencial sociointeracionista para o ensino da língua materna.

Nos capítulos desta obra são abordadas questões relativas à organização do trabalho pedagógico, tendo como ênfase a perspectiva tanto do letramento quanto das intervenções voltadas à apropriação do sistema alfabético. Os capítulos abrangem apontamentos teóricos acerca das razões para se organizar o trabalho pedagógico e seus resultados na aprendizagem, bem como propõem um jeito de olhar para os diferentes modos de fazer o cotidiano escolar. Assim, são tratadas questões tais como o uso de tecnologias da informação e comunicação (TIC); as possibilidades de utilização do livro didático; a realização de atividades na biblioteca escolar; as formas de trabalhar com jogos de palavras na educação infantil, de trabalhar em pequenos grupos ou com sequências didáticas.

No primeiro capítulo, "O fazer cotidiano da escola: a organização do trabalho pedagógico na sala de aula", Andrea Tereza Brito Ferreira e Eliana Borges Correia de Albuquerque defendem que "os modos de fazer" próprios de uma cultura escolar orientam as práticas cotidianas. O que se torna rotina no trabalho pedagógico, e mais particularmente no ensino da língua materna, é permeado por permanências e inovações, memórias e conhecimentos, tensões e escolhas. As autoras refletem sobre o equívoco de associar planejamento e rotina a práticas tradicionais de ensino e a defesa, erroneamente atribuída ao modelo construtivista de ensino, de "improvisos constantes". Em contraponto, propõem que "a ideia de organizar o trabalho pedagógico dentro de uma outra perspectiva poderia estar centrada no fato de pensar em um conjunto de procedimentos que intencionalmente devem ser planejados para serem executados durante um período de tempo tomando como referência as práticas sociais e culturais dos sujeitos envolvidos". Baseando-se em pesquisas conduzidas por elas e por outros estudiosos da área, apresentam argumentos em favor de práticas sistematizadas de alfabetização. Nessa direção, propõem que a organização do trabalho pedagógico se oriente ao mesmo tempo pela leitura e pela escrita de textos variados e pela reflexão sobre o funcionamento do sistema de escrita.

No capítulo 2, intitulado "TIC e organização do trabalho pedagógico: conexões ilimitadas", Ivanda Maria Martins Silva parte de algumas inquietações, quais sejam: de que forma as tecnologias são trabalhadas na escola? Como os professores estão incorporando as TIC na organização do trabalho pedagógico? Será que as TIC estão sendo utilizadas criticamente no espaço escolar? Afinal, qual a função das TIC na escola? Para responder a essas questões, a autora situa o leitor no debate acerca do uso das tecnologias na escola e defende que existem muitas possibilidades de conexão entre TIC e ensino da língua portuguesa. Tendo como referência relatos de experiências coletadas junto a professores, o capítulo apresenta possibilidades didáticas a partir do trabalho com dois "e-gêneros": a elaboração de *blogs* e a realização de *webquests*. Pautando-se ainda em depoimentos de professores, a autora traz uma discussão relevante sobre o uso da TV e do vídeo na escola, argumentando que essas são ferramentas que precisam ser apropriadas de modo crítico para que tragam uma contribuição efetiva à prática docente.

O terceiro capítulo trata de um tema muito conhecido das escolas. Com o texto "O livro didático de Língua Portuguesa na organização da rotina de alfabetização: modos de fazer", Marília Coutinho-Monnier traz um breve histórico sobre as formas como o livro didático tem se inserido no cotidiano escolar e a centralidade que adquiriu como "modelo de estruturação do trabalho pedagógico em sala de aula", particularmente em Língua Portuguesa. Tendo como referência as exigências apontadas com a adoção do Programa Nacional do Livro Didático (PNLD), a autora se questiona: "será que esses novos manuais apresentam orientações teórico-metodológicas que podem auxiliar no desenvolvimento do trabalho do professor? Como os docentes estão, efetivamente, utilizando esses "novos" livros?" Para tratar dessas questões, a autora discute resultados da pesquisa que envolveu observação e entrevista com duas professoras alfabetizadoras sobre seus modos de utilizar o livro didático.

"Ler e escrever no cotidiano escolar: há lugar para a biblioteca?" é o título do capítulo 4, escrito por Ester Calland de Sousa Rosa. A autora propõe como questão central: "que mediações precisam ser efetivadas para que os livros e a biblioteca, tão desejados, se transformem, de fato, em ferramentas que possam ser apropriadas pelo conjunto da comunidade escolar e para que sejam indicadores de uma escola que assegura a todos o direito de aprender?". O capítulo trata inicialmente do papel da biblioteca escolar no contexto educacional brasileiro e segue defendendo que este é um espaço privilegiado para a "educação literária" e para a "educação para a informação". Usando como referência uma pesquisa realizada por ela mesma, a autora apresenta exemplos de situações didáticas que envolvem a biblioteca escolar em atividades permanentes de educação literária, em projetos didáticos, em excursões pedagógicas e eventos temáticos, na participação em concursos e redes virtuais e no apoio à pesquisa escolar.

Telma Ferraz Leal, Severina Érika Morais da Silva Guerra e Juliana de Melo Lima são as autoras do capítulo 5, "Atividades em grupo: que benefícios podem trazer ao processo de aprendizagem?"

Inicialmente abordam o papel da interação na aprendizagem e em seguida discutem "a importância do trabalho em grupo em atividades voltadas para a aprendizagem do sistema alfabético de escrita", tendo como referência um trabalho realizado em parceria com um grupo de professores em formação continuada. Com base em pesquisas realizadas pelas autoras, o capítulo aborda ainda a análise de situações de produção coletiva de textos. Além disso, apresenta depoimentos de crianças que avaliam situações de aprendizagem em grupo.

O capítulo 6, "Tempo de brincar com textos rimados e com jogos de análise fonológica: o trabalho com a língua escrita na educação infantil", foi escrito por Socorro Barros de Aquino, Valéria Suely S. Barza Bezerra e Fernanda Guarany Mendonça Leite. As autoras defendem que os eixos tanto do letramento quanto da alfabetização devem estar presentes no cotidiano da Educação Infantil e que o trabalho com textos rimados e o uso de jogos de análise fonológica podem contribuir nessa direção. Tendo como referência pesquisas realizadas por elas, enfatizam que é preciso organizar uma rotina que contribua para o desenvolvimento da consciência fonológica e que é preciso planejar atividades sistemáticas que contribuam para essa aprendizagem.

Os capítulos 7 e 8 exploram o trabalho com sequências didáticas. No capítulo 7, "O ensino da análise linguística nas séries iniciais", Ana Catarina dos Santos Pereira Cabral, Ana Cláudia Rodrigues Gonçalves Pessoa e Juliana de Melo Lima argumentam que a organização de atividades sequenciais favorece o ensino da análise linguística e, mais especificamente, a aprendizagem do sistema notacional e da norma ortográfica nos anos iniciais do ensino fundamental. O texto apresenta protocolos de sequências didáticas observadas pelas autoras em contextos de sala de aula e evidencia várias formas de conduzir práticas pedagógicas com ênfase na análise linguística, numa perspectiva interacionista.

O capítulo 8, "Por que trabalhar com sequências didáticas?", escrito por Telma Ferraz Leal, Ana Carolina Perrusi Brandão e Rielda Karyna Albuquerque, retoma a proposição do trabalho com sequências didáticas numa perspectiva sociointeracionista. As autoras discutem os princípios subjacentes a essa concepção de ensino, articulando tais princípios à organização de sequências didáticas centradas no trabalho com gêneros discursivos.

Apresentados os capítulos, voltemos à metáfora silvestre e aos desafios da vida do equilibrista. Eco nos lembra que "no bosque da narrativa o leitor precisa fazer escolhas razoáveis" e que, para proceder a tais escolhas, volta-se para suas próprias experiências de vida e seu conhecimento de outras histórias. Por sua vez, na narrativa criada por Fernanda Lopes de Almeida, o equilibrista encontra em seu caminho outros que ora aprovam, ora contestam suas decisões. Fazendo um paralelo com a organização do trabalho pedagógico concernente ao ensino da língua materna, entendemos que a experiência docente, associada ao conhecimento compartilhado por outros educadores e informada por resultados de pesquisas na área, pode se constituir escolhas razoáveis, que qualifiquem as práticas cotidianas. Foi nessa direção que as autoras desta obra elaboraram seus textos, e é nesse sentido que propomos sua leitura para professores e pesquisadores da educação que se dispõem a refletir sobre suas escolhas.

As organizadoras

Referências

ALMEIDA, F. L. *O equilibrista*. São Paulo: Ática, 2009.

ECO, U. *Seis passeios pelos bosques da ficção*. São Paulo: Companhia das Letras, 1997, p. 12.

Capítulo 1

O cotidiano escolar: reflexões sobre a organização do trabalho pedagógico na sala de aula

Andrea Tereza Brito Ferreira
Eliana Borges Correia de Albuquerque

Em todas as salas de aula, todos os dias, realizam-se práticas pedagógicas e práticas culturais e sociais que, embora sejam muito particulares de um lugar ou de uma época, possuem características semelhantes a muitas outras realidades.

A escola, como ambiente educativo e espaço de formação de pessoas, é construída por uma diversidade de atores que pensam e agem no cotidiano formando uma rede de relações que se define a partir de uma cultura própria e repleta de significados. A cultura escolar não está apresentada de maneira explícita, porque vai além das formas convencionais de organização, dos projetos elaborados e do currículo (CERTEAU, 1974). As formas de operacionalização, ou melhor, as maneiras de fazer na escola, que se inserem nas práticas cotidianas, tornam única cada escola. É que o interior de cada unidade escolar possui um grupo de pessoas que participa das tarefas educativas embora de maneiras diferentes. Cada uma, no desenvolvimento de suas atividades do dia a dia, contribui de forma coletiva para o funcionamento da escola de maneira satisfatória ou não.

O local onde se pratica o ensino foi sendo construído ao longo do tempo a partir das transformações vividas pelas sociedades. Cada época e cada contexto elaboraram modelos de práticas escolares que buscaram se universalizar, provando a sua importância. É possível entender que as escolas em diversos lugares do mundo possuem elementos muito comuns em realidades bem particulares.

O processo de construção cultural de cada escola pode ser compreendido a partir de dois eixos principais: o primeiro, por intermédio do papel exercido pelo sistema educativo, da estrutura hierárquica, das normas oficiais, dos regulamentos e da cultura consolidada; o segundo, por meio das relações subjetivas desenvolvidas no dia a dia de cada escola. Esses dois eixos compõem uma rede de operações que "fabricam" diferentes culturas escolares (CERTEAU, 1985, p. 15).

A forma como a escola se organiza demonstra que ela possui uma cultura própria que faz com que determinadas maneiras de fazer estejam presentes em vários estabelecimentos escolares.

Para exemplificar um pouco as práticas escolares culturalmente construídas, temos algumas ações que integram o cotidiano de vários estabelecimentos de ensino, como a organização da fila de entrada, o recreio, o lanche, entre outras. Assim como essas atividades acontecem fora da sala de aula, outras práticas diárias foram sendo instituídas dentro das salas de aula, envolvendo o trabalho do professor e dos alunos.

Desde a Didática Magna de Comênius, devido à institucionalização do ensino mútuo, havia uma preocupação em organizar o trabalho da sala de aula de modo que o professor aplicasse os conhecimentos para que todos os alunos aprendessem o conteúdo a ser ensinado sem muita perda de tempo com a indisciplina ou com outros problemas que essa nova forma de ensinar suscitasse. Desse modo, a disciplina rígida e os castigos, herdados da educação cristã na Idade Média, foram se integrando ao cotidiano de muitas escolas por muitas décadas, assim como as programações e os guias de ensino, que determinavam todas as ações do professor.

No contexto atual, mais precisamente a partir dos anos 1980, podemos perceber muitas mudanças nas práticas cotidianas escolares dentro e fora da sala de aula. Algumas atividades cotidianas foram esquecidas ou substituídas por outras decorrentes do surgimento de novas teorias de ensino/aprendizagem ou da necessidade de dar conta das transformações ocorridas na sociedade, principalmente decorrentes das novas tecnologias da informação. Nas práticas cotidianas de ensino da linguagem, por exemplo, podemos perceber algumas mudanças e permanências. Da rotina que envolvia as repetições incansáveis do recitar dos textos sagrados às que priorizavam o ensino de gramática como regras a ser apenas memorizadas ou a leitura e produção de textos diversos, práticas de ensino da língua materna foram sendo construídas. No caso específico da alfabetização, vários conceitos e metodologias influenciaram o desenvolvimento de diferentes práticas.

Segundo Cook-Gumperz (1991), o processo de escolarização transformou o ensino e o aprendizado da língua em uma habilidade técnica, universal e estandardizada. As mais recentes orientações acadêmicas colocam o ensino da leitura e da escrita em um movimento de interações e construções individuais e coletivas, como um processo de aprendizagem mais próximo das práticas sociais. Essas mudanças, por conseguinte, geraram novas organizações do fazer cotidiano das escolas e das salas de aula.

Diante das mudanças e permanências que integram o cotidiano escolar, que sofre influência de diversas esferas, as questões que colocamos são: Como nós, professores, podemos organizar o cotidiano da sala de aula de modo que os nossos alunos possam aprender diante das diferentes orientações e das suas reais necessidades? Como pensar a organização do trabalho pedagógico fazendo uso de ferramentas novas ou antigas que realmente favoreçam o aprendizado do estudante?

Nesse sentido, este capítulo visa discutir de forma introdutória alguns elementos que integram a prática cotidiana do professor e contribuem para a organização do trabalho pedagógico na escola, tendo como foco o ensino da língua materna.

As rotinas da escola e da sala de aula: referências para a organização do trabalho do professor

A rotina escolar é o conjunto de atividades que se repetem diariamente, ou com certa frequência, em um determinado estabelecimento de ensino. Nos quadros sociais da memória (HALBAWACHS, 1994), a rotina integra a cultura escolar e, assim, os sujeitos que já passaram pela escola de certo modo poderão descrevê-la no presente, quando solicitados, mesmo que se tenha passado por ela há muito tempo. Segundo Meirieu (2005), quando constrói uma rotina, o professor está mobilizando diferentes conhecimentos que estão na sua memória, inclusive na sua memória de estudante. Segundo o autor, o que faz com que um professor construa uma rotina que possa promover o aprendizado do aluno de maneira satisfatória favorecendo a construção autônoma do conhecimento e dentro de uma diversidade de orientações e contradições, de diferentes origens, é a maneira como ele as utiliza, ou melhor, como ele consegue resolver as "tensões" que integram o presente no cotidiano escolar.

Pensar na organização de uma rotina para o trabalho cotidiano na escola requer que analisemos diferentes aspectos, como os listados a seguir:

- Vamos pensar na organização da rotina escolar para quantos dias: uma semana, uma quinzena, um mês?
- Como é a organização do tempo e dos espaços na escola?
  - Quantos dias de aula por semana?
  - Quantas horas por dia?
  - Que espaços podem ser utilizados além da sala de aula?
  - Há um horário e um espaço específico para a merenda?
  - Como se organiza o recreio (espaço, horário, duração)?
- Qual é o projeto político-pedagógico da escola?
- Quais áreas de conhecimento devem ser trabalhadas? Que tempo destinar para o ensino de cada área? Como trabalhá-las?
- Que tipos de atividades desenvolver dentro e fora da sala de aula?

A organização da rotina escolar requer que planejemos nosso trabalho cotidiano na escola, e a necessidade desse planejamento tem sido questionada. É sobre as diferentes possibilidades de abordar a questão da rotina e suas implicações para o ensino da Língua Portuguesa que discutiremos a seguir.

Rotina: um "mal" ou um "bem" necessário?

O termo "rotina" muitas vezes é usado em sentido negativo por envolver a realização diária de atividades repetitivas, cansativas, que fazemos sem precisar pensar e mesmo sem saber *o que, como* e *para que* fazemos. Chico Buarque, na canção *Cotidiano*, revela essa concepção de rotina ao descrever o dia a dia de uma dona de casa: "Todo dia ela faz tudo sempre igual, me sacode às 6 horas da manhã...". Qual a origem dessa concepção de rotina e como ela esteve/está presente em nossas salas de aula?

Durante os anos 1960 e 1970, no Brasil, quando se falava de rotina na escola, pensava-se logo nas atividades que tinham sido planejadas para distribuir o conteúdo em pequenas dosagens diárias, com o objetivo de fazer cumpri-las, independentemente do que pudesse acontecer no decorrer do processo. Essa maneira de pensar/organizar o trabalho pedagógico estava baseada em uma concepção de ensino pautada unicamente na memorização dos conteúdos escolares. Por sua vez, essa perspectiva traduz ainda uma herança do positivismo, que traz a objetividade das ciências experimentais para a análise das relações sociais e, com isso, a escola passou a adotar modelos baseados na psicologia behaviorista e no tecnicismo para organizar a rotina da sala de aula. Tais abordagens contribuíram com estudos que indicaram que o professor deveria organizar o seu tempo pedagógico de maneira a possibilitar o "depósito" dos conteúdos escolares, o que requer um ensino e uma aprendizagem controlada como algo que se pode medir, manipular e prever.

Nessa perspectiva, para o professor ter uma boa prática pedagógica, seria necessário apenas dominar os instrumentos didáticos (o como fazer), transformando o dia a dia da sala de aula em uma sucessão de atividades repetitivas, muitas vezes guiadas por manuais que garantissem a absorção máxima do que era proposto, planejado. Essas práticas não fazem apenas parte da nossa memória, elas ainda se fazem presentes na atualidade.

Na década de 1980, com a difusão da teoria construtivista de ensino-aprendizagem, as práticas pedagógicas baseadas no desenvolvimento de rotinas preestabelecidas, que envolviam a realização diária das mesmas atividades, passaram a ser amplamente criticadas.

Assim, por meio de uma interpretação desviada da teoria construtivista, passou-se a criticar tudo que se relacionava com planejamento e organização do trabalho pedagógico com a justificativa de que era "tradicional", velho e ultrapassado. Tal atitude provocou de certa forma um exagero na não sistematização do ensino e na falta de programação das atividades, com a justificativa de que no trabalho de sala de aula se deveria considerar apenas o que os alunos traziam da sua realidade. Assim, o professor seria o mediador desses conhecimentos na sua prática cotidiana escolar e não precisaria se programar para realizar as atividades, pois elas iriam surgir na própria dinâmica do dia a dia.

Essa "nova" forma de pensar o trabalho pedagógico torna a sala de aula um lugar de improvisos constantes. No entanto, sabemos que muitas vezes o improviso acontece em determinadas circunstâncias, e não pode fazer parte do dia a dia de uma prática pedagógica. A ideia de organizar o trabalho pedagógico, dentro de outra perspectiva poderia estar centrada no fato de pensar em um conjunto de procedimentos que intencionalmente devem ser planejados para ser executados durante um período de tempo tomando como referência as práticas sociais e culturais dos sujeitos envolvidos.

Dessa forma, concordamos com Telma Leal (2004) quando justifica a importância do planejamento para a vida escolar:

> [...] as rotinas escolares asseguram que alguns "procedimentos" básicos sejam "acordados" entre professor e alunos e que os mesmos já se disponibilizem dentro do espaço temporal e espacial para as tarefas pedagógicas. As crianças aprendem, através dessas rotinas, a prever o que farão na escola e a organizar-se. Por outro lado, a existência dessas rotinas possibilita ao professor distribuir com maior facilidade as atividades que ele considera importantes para a construção dos conhecimentos em determinado período, facilitando o planejamento diário das atividades didáticas (LEAL, 2004, p. 3).

Planejar/organizar uma rotina voltada para a reflexão constante sobre a prática social, considerando uma boa formação dos conhecimentos específicos, sistematizados, selecionados das bases das ciências é o que propõem os estudos da abordagem construtivista e a sociolinguística sobre ensinar e aprender. Mas como se operacionalizariam tais práticas e no que elas efetivamente se diferenciariam das outras? Para responder a essa questão, nos apoiaremos em pesquisas que analisaram práticas de alfabetização em diferentes perspectivas e a relação dessas práticas com a aprendizagem dos alunos.

Práticas sistemáticas e assistemáticas de alfabetização: o que fazem as professoras, o que os alunos aprendem?

Nesta seção, apresentaremos os resultados da pesquisa desenvolvida por Albuquerque, Ferreira e Morais (2008), que buscou analisar as práticas de alfabetização de um grupo de nove professoras que lecionavam na Secretaria de Educação da cidade do Recife e a relação dessas práticas com a aprendizagem dos alunos no que se refere à apropriação da escrita alfabética. Como procedimentos metodológicos, foram realizadas observações de aulas e entrevistas com as docentes, além de encontros mensais de grupo focal para a discussão de temáticas relacionadas à alfabetização e análise dos relatórios de observação das práticas das professoras. Para relacionar as práticas de alfabetização das professoras com o desempenho dos alunos no final do ano, no que diz respeito ao aprendizado do sistema de escrita, foi aplicado um instrumento avaliativo (ditado de palavras e frases e leitura de palavras a partir da correspondência entre figuras e palavras) a todos os alunos das professoras investigadas.

Após a análise das observações realizadas na sala de cada professora, as práticas de alfabetização das professoras foram classificadas em três tipos: práticas sistemáticas, práticas intermediárias e práticas assistemáticas. As práticas classificadas como sistemáticas contemplaram, em todos os dias observados, atividades relacionadas à apropriação da escrita alfabética. Os autores assim descrevem a prática de uma das professoras, classificada como sistemática:

> Nas 10 observações realizadas na sala da professora Cláudia pudemos observar que foram desenvolvidas atividades diferenciadas de apropriação do sistema de escrita alfabética.

Escrita e leitura de palavras foram as mais frequentes. As atividades de contagem (de letras, sílabas e palavras) foram realizadas, no conjunto, em sete dias. Com exceção do sétimo e oitavo dias, todos os outros envolveram, além da leitura e escrita de palavras, pelo menos um dos seguintes tipos de atividade: contagem de letras e sílabas, partição de palavras em letras e/ou sílabas, identificação de letras e sílabas em palavras, comparação de palavras quanto à presença de letras ou sílabas iguais, formação de palavras, exploração de rimas e aliteração, etc., o que significa que diariamente os alunos eram solicitados a realizar atividades que levavam à reflexão sobre os princípios do SEA. Tais atividades foram exploradas pela professora, sobretudo com tarefas elaboradas por ela e mimeografadas para os alunos, o que indicava uma busca de suplementação do que apontava como lacunas no livro didático da turma.

Podemos exemplificar as explorações realizadas por essa professora com o que ocorreu no dia da observação 3. Naquela tarde, a professora fez, inicialmente, a leitura do livro "Bebela, a pulguinha sapeca" e a partir dele trabalhou com as seguintes categorias: partição oral de palavras em sílabas, produção de rima e aliteração com correspondência escrita, leitura de palavras com auxílio do professor, identificação de sílabas em posição inicial sem correspondência escrita, leitura de palavras, comparação de palavras quanto ao número de sílabas, contagem de sílabas de palavras e contagem de palavras. Ao final, os alunos agruparam as palavras que produziram e exploraram (oralmente e por escrito), em duas colunas, conforme o número de sílabas que apresentaram e as notaram em seus cadernos.

Quanto às atividades que envolviam leitura, é importante salientar que a professora costumava ler livros de literatura infantil para a turma diariamente, principalmente após o recreio, organizando os alunos em roda de leitura. As atividades envolvendo jogos (de matemática e linguagem, entre outros) também eram realizadas diariamente (ALBUQUERQUE; FERREIRA; MORAIS, 2008, p. 261).

Quanto às práticas consideradas assistemáticas, elas priorizavam o trabalho com leitura e produção de textos e, no que se refere à apropriação da escrita alfabética, no conjunto das dez observações, contemplaram muito pouco as atividades relacionadas a esse eixo de ensino.

Apresentamos, a seguir, o relato dos autores no que se refere ao trabalho pedagógico de alfabetização desenvolvido pela professora Ana Luzia:

> Ao analisarmos os protocolos de aulas, percebemos que as atividades que envolviam a apropriação do SEA não foram exploradas de forma sistemática. As crianças foram pouco convidadas a escrever sozinhas. Essas passavam a maior parte do tempo copiando a tarefa de classe, de casa e desenhando. Percebemos que, apesar do SEA na maioria das observações não ter sido enfocado pela professora, havia um maior número de atividades dessa natureza nas observações 5 e 6. Nessas aulas apareceram as categorias que trabalham com os processos cognitivos de: *contagem, partição, identificação* e *formação*. Porém, a professora só explorou essas categorias na modalidade oral, coletivamente, e não fez nenhuma comparação de palavras quanto ao número de sílabas. Não houve, também, um trabalho sistemático envolvendo as atividades de consciência fonológica, em que os alunos refletiriam sobre as partes e os sons que compõem a palavra.
>
> No que se refere à leitura, a professora leu todos os dias para as crianças. A leitura sempre acontecia no início das aulas e estava relacionada com a temática que seria trabalhada. Para isto, ela trazia cartazes, textos produzidos pelas crianças em aulas anteriores, fragmentos de textos e livros de história. Os textos sempre eram lidos por ela. Quando solicitava que os alunos a ajudassem no momento da leitura, poucos o faziam na prática da professora. Em nenhum momento os alunos realizaram uma leitura coletiva ou silenciosa.
>
> As atividades de produção coletiva de textos não tinham um destinatário real ou uma finalidade específica. Os gêneros produzidos durante as aulas foram: recado, bilhete, diálogo e lista, ocorrendo este último com maior incidência. A produção dos textos, na maioria das vezes, era feita pela professora, ou seja, os alunos poucas vezes interagiam durante a atividade.

Constatamos, enfim, que a professora não trabalhou o SEA de forma sistemática. Ela priorizava, em sua prática, a leitura de textos, a produção de texto coletivo, o desenho demonstrando leitura e, o desenho gratuito, em detrimento das atividades relacionadas à apropriação do sistema (ALBUQUERQUE; FERREIRA; MORAIS, 2008, p. 260).

Em relação à aprendizagem, mais de 70% dos alunos da professora Cláudia alcançaram o nível silábico-alfabético ou alfabético de escrita, enquanto os alunos da professora Ana Luzia, ao final do ano, se distribuíram em todos os níveis, com um percentual pequeno de alunos (19%) no nível alfabético de escrita.

Nos encontros mensais de grupo focal, as docentes participantes da pesquisa socializavam sua rotina e aquelas, como Ana Luzia, que não realizavam diariamente atividades de alfabetização, acharam interessante as práticas das colegas e mostraram interesse em saber que tipos de atividades realizavam. A reflexão sobre as várias possibilidades de atividades que levam os alunos a pensar sobre os princípios do SEA foi tema de dois encontros de grupo focal. Em um deles, a professora Luzia deu o seguinte depoimento:

> Agora eu sei por que meus alunos não estão alfabetizados. Eu trabalho muito com leitura e produção de textos, mando desenhar, mas não realizo essas atividades de reflexão com as palavras. Agora vou fazer diferente.

Os dados dessa pesquisa revelam a importância da organização do trabalho pedagógico com ênfase, em turmas de alfabetização, no desenvolvimento de atividades diárias que contemplem os diferentes eixos do ensino da Língua Portuguesa.

Práticas sistemáticas de alfabetização: qualquer maneira de ensinar a ler e escrever vale a pena?

Na seção anterior, defendemos, com base na pesquisa realizada por nós (ALBUQUERQUE; FERREIRA; MORAIS, 2008), a necessidade da construção de rotinas de alfabetização que contemplem, por um lado, atividades de leitura e produção de textos em nível oral e escrito e, por outro, atividades sistemáticas de apropriação da escrita alfabética. No entanto, é preciso discutir o que consideramos como boas práticas sistemáticas de alfabetização.

Na pesquisa, entre os professores cujas práticas foram consideradas sistemáticas, encontra-se a professora Eleuses que apresentava uma organização diferente da realizada por Cláudia e das outras professoras desse grupo. Vejamos como era a rotina dessa professora:

> A professora Eleuses desenvolvia uma prática sistemática relacionada à alfabetização, mas vinculada aos métodos tradicionais, especificamente ao método silábico. Ela trabalhava diariamente com a memorização de sílabas e cópia de palavras retiradas de diferentes gêneros de textos. A professora iniciava a aula lendo um texto para os alunos (durante o período de observação foram lidos histórias, poemas, panfletos) e retirava aleatoriamente algumas palavras para trabalhar a apropriação do Sistema de Escrita Alfabética a partir das seguintes atividades:
> - Leitura de palavras (solicitava que os alunos lessem as palavras no quadro);
> - Cópia de palavras (os alunos copiavam as palavras escritas no quadro);
> - Partição escrita de palavras em sílabas (os alunos separavam as sílabas das palavras no caderno);
> - Partição oral de palavras em sílabas (a professora solicitava que respondessem em voz alta quais eram as sílabas de cada palavra);
> - Contagem de palavras, sílabas e letras (os alunos contavam as palavras, sílabas e letras que a professora escrevia no quadro);
> - Cópia de frases (a partir das palavras, a professora escrevia algumas frases e solicitava que os alunos as copiassem);
>
> Assim, a professora priorizou em suas aulas a *Cópia de palavras e frases*, atividades que foram registradas em todas as observações e era realizada e correspondia a mais da metade do tempo total gasto com as atividades de apropriação do SEA.
>
> Podemos, então, dizer que ela trabalhava um "método cartilhado sem cartilha", ou seja, não ensinava BA-BE-BI-BO-BU, mas utilizava a apresentação de textos para levar os alunos a memorizar, diariamente, letras ou sílabas soltas (2008, p. 259).

Em relação à aprendizagem, os alunos da professora Eleuses demonstraram um desempenho pior em relação aos alunos das outras professoras da pesquisa, que também apresentavam práticas sistemáticas de alfabetização, mas em outra perspectiva: 12% se encontravam ainda no nível pré-silábico, 44% no silábico, e apenas 44% dos alunos atingiram os níveis silábico-alfabético ou alfabético.

Coutinho-Monnier (2009) desenvolveu um estudo que teve o objetivo de investigar as práticas de ensino de professoras alfabetizadoras que adotavam livros didáticos com diferentes perspectivas metodológicas (ênfase na perspectiva silábica, fônica, socioconstrutivista) para o trabalho com a leitura e a escrita, buscando analisar como elas construíam e desenvolviam suas aulas e o desempenho dos seus alunos em relação ao aprendizado da leitura e da escrita. Como procedimentos metodológicos, a pesquisadora observou aulas desenvolvidas por oito professoras que lecionavam em turmas do 1º ano do ensino fundamental: duas de Jaboatão dos Guararapes (PE), duas de Recife (PE), duas de Teresina (PI) e duas da França (FR) e as atividades realizadas por um grupo de 47 crianças, aprendizes dessas mestras. Apresentaremos, neste texto, a prática desenvolvida por uma professora de Teresina que se apoiava em um livro didático de base fônica (do Programa Alfa e Beto) e uma docente da Secretaria de Educação do Recife, que trabalhava na perspectiva do "alfabetizar letrando".

Como observou a autora, a rotina da professora de Teresina envolvia as seguintes atividades:

- Chamada (sem nenhum tipo de exploração)
- Leitura de texto
- Exploração de estratégias de leitura/ Características do gênero lido
- Exploração de palavras do texto
- Repetição pelas crianças do texto lido pela professora
- Atividades de lateralidade/percepção auditiva e visual
- Atividade com o livro didático
- Merenda
- Parque
- Continuidade da atividade no livro didático
- Exercícios de caligrafia
- Tarefa de casa

A professora Nildenha, após a realização da chamada, costumava fazer atividades de leitura de textos presentes em dois materiais distintos fornecidos pelo programa *Alfa e Beto*: o livro gigante *Chão de estrelas* e os materiais presentes no *Coletânea*. A professora realizava a leitura de um texto (de acordo com a sequência sugerida pelo manual do mestre) e posteriormente desenvolvia uma série de atividades (com média de 15 minutos no total) que exploravam algumas palavras presentes no texto. Após esse momento inicial, ela realizava a atividade do livro didático do programa correspondente à lição da semana, trabalho que ocupava a maior parte do tempo diário dos alunos na escola. Cada lição do livro didático possuía um texto como o apresentado a seguir:

Beto lê

Maia é mau.
O mel mela.
O mel é meu.
Mimi miou: miau!

Eu leio

Luma é a mãe. Ela é mamãe.
Milu ama Mila e Malu.
Malu ama Luma.
Mila ama Luma.
Luma é alemã.
Ela mima Mila e Malu.
Luma mia: miau, miau.

Os alunos liam diariamente "pseudotextos" com o objetivo de aprender o fonema a ser trabalhado na lição. As atividades que seguiam o texto relacionavam-se ao ensino transmissivo da relação fonema-grafema:

A pesquisadora observou que, em muitos casos, os alunos e a professora respondiam às atividades com base nas letras das palavras sem necessariamente fazer relação com os sons que elas representavam. Quanto à aprendizagem dos alunos, no que se refere à apropriação do sistema alfabético, aqueles que estavam em níveis iniciais de escrita avançaram ao longo do ano. Já os que iniciaram o ano letivo com domínio do princípio alfabético concluíram o ano sem ler e produzir textos, como relatou a pesquisadora:

O grupo de alunos demonstrou não ser capaz de escrever nem mesmo uma frase. Os 2 alfabetizandos classificados como pertencendo ao nível "bom" foram os únicos a terem escrito algumas palavras. O restante das crianças elaborou escritos ilegíveis. Assim, constatamos que, mesmo os 5 alunos alfabéticos, embora possuíssem certo nível de apropriação do sistema, não haviam conseguido obter os mesmos resultados positivos no momento de *uso* efetivo da escrita.

Já a prática de uma das professoras que lecionava na Secretaria de Educação da cidade do Recife apresentava a seguinte rotina:

- Chamada com cantigas
- Rotina com exploração de palavras
- Leitura coletiva de texto (6 aulas)
- Exploração de palavras a partir do texto
- Escrita coletiva de palavras
- Atividade mimeografada SEA
- Lanche
- Parque
- Leitura de história pela professora
- Uso do Livro didático (4 aulas)
- Atividade de Matemática (3 aulas)
- Leitura livre pelas crianças
- Desenho
- Tarefa de casa

Coutinho-Monnier (2009) assim se referiu à prática desenvolvida por essa professora:

> Elisangela desenvolveu atividades bastante diversificadas para trabalhar com o sistema notacional, fazendo um total de 127 para os 10 dias de aula em que estivemos fazendo observações. De posse dessas informações, podemos afirmar que a docente esteve em todo tempo, preocupada em criar situações para que os alunos refletissem, questionassem,

criassem hipóteses e as testassem, com o objetivo de fazê-los avançar do nível de escrita em que se encontravam, para outro superior a esse (p. 250).

[...] Durante os 10 dias em que observamos sua prática, nós constatamos a realização diária de pelo menos duas atividades distintas, executadas em momentos diferentes, e que privilegiavam a aprendizagem do sistema notacional (p. 251).

Em relação à aprendizagem dos alunos, todas as crianças avaliadas no início e no final do ano evoluíram no processo de construção do sistema alfabético, inclusive as que tinham iniciado o ano em níveis mais avançados. Esse dado revela a importância de se considerar, na organização das práticas pedagógicas de alfabetização, os conhecimentos que os alunos possuem acerca da escrita, a fim de se planejar atividades que efetivamente possam contribuir para que todos os alunos avancem.

Os dados da pesquisa de Coutinho-Monnier são muito importantes, pois vivemos um momento de grande defesa à volta dos "tradicionais" métodos de alfabetização, em virtude da polarização existente entre as duas correntes: "a tradicional e a construtivista", conforme abordamos acima. Sabemos, no entanto, que, no que se refere ao ensino da língua materna, alfabetizar não pode se resumir a trabalhar o sistema de escrita de forma repetida e memorística, dentro de uma rotina desprovida dos encantamentos dos textos que estão presentes na vida cotidiana das pessoas. Nem o contrário, "ensinar textos às crianças". E sim, como vimos nos relatos das professoras, podemos desenvolver e diversificar atividades, no cotidiano escolar, para que os alunos possam interagir com diferentes textos e refletir sobre o sistema alfabético de escrita.

Desse modo, queremos ressaltar que a organização e a sistematização do trabalho pedagógico são muito importantes para a aprendizagem dos alunos. A construção de uma rotina escolar que contemple os diferentes eixos de ensino da língua, por meio de um planejamento construído com base na realidade de cada aluno e escola, pode favorecer a construção e a realização de atividades que ajudem a promover a autonomia e a criatividade dos alunos no mundo da leitura e escrita.

Referências

ALBUQUERQUE, E; MORAIS, A., FERREIRA, A. As práticas cotidianas de alfabetização: o que fazem as professoras? *Rev. Brasileira de Educação*. 2008.

DE CERTEAU, M. *A invenção do cotidiano: a arte de fazer*. Petrópolis: Vozes, 1974.

COUTINHO-MONNIER, M. L. *Práticas de alfabetização com uso de diferentes manuais didáticos: o que fazem professores no Brasil e na França? O que os alunos aprendem?* Tese (Doutorado em Educação) – Programa de Pós-Graduação em Educação, Universidade Federal de Pernambuco, Recife, 2009. 429 fls.

HALBAWACHS, M. *Les cadres sociaux de la mémoire*. Paris: Albin Michel, 1994.

LEAL, T. *Planejar é preciso*. 2004. (mimeo).

MEIRIEU, P. *O cotidiano da escola e da sala de aula: o fazer e o compreender*. Porto Alegre: Artmed, 2005.

Capítulo 2

TIC e organização do trabalho pedagógico: conexões ilimitadas

Ivanda Maria Martins Silva

Computador, celular, *game*, *software*, *datashow*, vídeo, TV, rádio, DVD, *notebook*, câmera fotográfica digital, filmadora, lousa digital... As tecnologias da informação e comunicação (TIC) chegaram às escolas. Será que chegaram mesmo?

Tradicionalmente, compreendem-se as tecnologias apenas como máquinas, aparelhos fascinantes, capazes de mudar tudo, inclusive o cotidiano escolar. A noção de tecnologia traz à tona a ideia de inovação, novidade, motivação para alunos e professores, além de possibilidades de mudanças nas aulas com a lousa, o livro didático, o pincel ou ainda o giz. Mas será que a lousa, o giz, o pincel, o livro também não são tecnologias?

As tecnologias da informação e comunicação (TIC) estão sim na escola. Mas a grande questão é: de que forma as tecnologias são trabalhadas na escola? Como os professores estão incorporando as TIC na organização do trabalho pedagógico? Será que as TIC estão sendo utilizadas criticamente no espaço escolar? Afinal, qual a função das TIC na escola?

Conforme Cysneiros (1999, p. 5), em muitas escolas, podemos observar formas de uso das TIC como "inovação conservadora", ou seja, quando são utilizadas ferramentas tecnológicas inovadoras e caras para tarefas tradicionais que poderiam ser realizadas por recursos mais simples. O que dizer, por exemplo, do uso do computador na escola para tarefas mecânicas, tais como cópias de trechos de livros ou digitação de questionários com perguntas e respostas já programadas?

Estamos inseridos em um mundo repleto de tecnologias variadas, no entanto, muitas vezes, não nos damos conta da importância dos dispositivos tecnológicos em nossas ações diárias. O lápis, a borracha, o papel, o caderno, o livro impresso, a linguagem digital são alguns dos diversos tipos de tecnologias que fazem parte de nossa vida.

Kenski (2008) argumenta que a linguagem utilizada cotidianamente é um tipo de tecnologia e não percebemos seu valor na sociedade tecnológica. Na perspectiva de Kenski (2003, p. 23), as TIC são mais do que simples suportes ou equipamentos, visto que influenciam os comportamentos dos indivíduos nos modos de pensar, agir e nas relações dos sujeitos com os recursos tecnológicos.

Segundo Belloni (2006), podemos entender por tecnologia tudo aquilo que é resultado de um estudo, de uma técnica e pode ser utilizado para modificar a nossa realidade. Belloni (2006, p. 53) também reflete sobre as conexões entre tecnologia e educação:

> Qualquer que seja a definição que utilizemos (e existem muitas), um elemento essencial deve estar presente nesta análise das relações entre tecnologia e educação: a convicção de que o uso de uma "tecnologia" (no sentido de um artefato técnico), em situação de ensino e aprendizagem, deve estar acompanhado de uma reflexão sobre "tecnologia" (no sentido do conhecimento embutido no artefato e em seu contexto de produção e utilização).

Certamente, a prática pedagógica dos educadores reflete as concepções sobre tecnologias aplicadas nos processos de ensino-aprendizagem. Se, por um lado, a compreensão for restrita aos aspectos técnicos e puramente instrumentais, o trabalho pedagógico do docente poderá privilegiar apenas atividades mecânicas, colocando o aluno na posição de mero receptor dos recursos tecnológicos. Por outro lado, se as TIC forem compreendidas como meios importantes para informar, organizar, produzir, construir, reunir, difundir, elaborar e reelaborar informações, visando à construção de conhecimentos de modo colaborativo, a organização do trabalho pedagógico poderá contemplar planejamentos e atividades dialógicas, pautados na interação com os alunos e na transformação dos educandos como protagonistas na aprendizagem.

Moran (2002) assegura que os professores precisam aprender a gerenciar as TIC. Ensinar com e para o uso crítico das TIC é função primordial da escola no processo de inclusão digital. Nesse sentido, não basta apenas usar aleatoriamente as tecnologias, sem planejamento ou objetivos claros, mas transformar as relações dos sujeitos com os suportes tecnológicos. Segundo Moran (2006, p.30), o professor precisa incorporar as TIC aos planejamentos didático-pedagógicos, assumindo o papel de mediador/orientador do processo de aprendizagem dos alunos.

Nessa direção, defendemos que a inserção das TIC nas escolas pode transformar a prática docente, redimensionando a criatividade dos professores em relação aos usos dos recursos e dispositivos tecnológicos. Vejamos o depoimento da professora A[1] do ensino fundamental, que participa do Programa Mídias na Educação[2] e avalia a posição dos docentes de sua escola em relação à utilização das TIC:

> Na escola onde trabalho podemos encontrar os seguintes recursos didáticos: quadro branco, computador, datashow, microsystem, TV, aparelho de DVD, vídeos da TV Escola, material de papelaria, material escolar, mapas, livros. Para o uso de alguns recursos é necessário o agendamento prévio

---

[1] Por questões éticas, estamos nomeando os docentes que relataram suas experiências pedagógicas de professores A, B, C, resguardando sua identidade. Os docentes referidos neste trabalham participam do Programa Mídias na Educação, promovido pela UFRPE em parceria com a SEDUC/PE.

[2] Programa de Formação Continuada para docentes da educação básica, promovido pelo MEC. É desenvolvido em estrutura modular, no ambiente virtual e-proinfo e funciona na modalidade a distância. O objetivo principal é contribuir para a formação continuada dos professores, tendo em vista o uso pedagógico das diferentes tecnologias da informação e da comunicação: TV e vídeo, informática, rádio e impresso. Maiores informações no portal do MEC: <http://portal.mec.gov.br>.

para que possa ser montado em sala de aula ou disponibilizado um espaço físico específico. O recurso mais usado ainda é o quadro branco. O seu uso isoladamente deixa o ensino vazio de significado, desinteressante e cansativo. Observamos que muitos professores ainda não conseguem usar com segurança os recursos didáticos ligados à tecnologia mais recente, como computador, datashow, DVD, devido à falta do próprio manuseio do equipamento e à falta de coragem de ousar, arriscar e investir no novo. Tudo que não dominamos, que nos é novo, provoca medo e insegurança. Em educação esse medo não permite o avanço individual e coletivo do grupo de professores da escola pública. Não é usar o recurso da internet porque está na moda, e sim por perceber que nossos alunos são "cibernautas" e não podemos ficar parados no tempo. Devemos nos apropriar de vários recursos didáticos para que na hora do planejamento optemos pelo recurso mais adequado ao conteúdo que vamos trabalhar.

O depoimento da professora A ressalta o "medo" dos docentes em relação ao uso das tecnologias com finalidades didáticas para apoiar a aprendizagem dos alunos. Além disso, tal depoimento reflete a necessidade de os professores selecionarem os recursos didáticos e tecnológicos em função dos planejamentos adequados aos conteúdos a ser vivenciados com os educandos.

É essencial que a tecnologia entre na escola não como um ornamento, mas como ferramenta eficaz de inclusão digital, proporcionando a formação de sujeitos críticos, não apenas consumidores, mas, sobretudo, produtores de inovações tecnológicas.

Para superar a visão da "inovação conservadora", os professores têm papel especial como mediadores das relações entre alunos e tecnologias, proporcionando uma educação para a era da cibercultura (LÉVY, 1999). A cibercultura envolve o "conjunto de técnicas (materiais e intelectuais), de práticas, de atitudes, de modos de pensamento e de valores que se desenvolvem juntamente com o crescimento do ciberespaço" (LÉVY, 1999, p. 17). Nesse cenário, a função do professor desloca-se para o gerenciamento de aprendizagens do plano presencial para o âmbito virtual/colaborativo, revelando-se como "animador da inteligência coletiva", ou melhor, como "construtor de comunidades de aprendizagem" em meio à diversidade tecnológica/digital (LÉVY, 1999).

Considerando os novos desafios dos docentes na cibercultura, vamos refletir sobre práticas pedagógicas integradas às TIC, ampliando as reflexões acerca das "conexões ilimitadas" entre as TIC e a organização do trabalho pedagógico.

TIC e organização do trabalho pedagógico: navegando rumo aos desafios

Quando as TIC entram em cena na escola, surgem alguns desafios em relação à organização do trabalho pedagógico. Os professores começam a se questionar: como inserir as TIC na rotina da escola? É fundamental ampliar as reflexões sobre a prática pedagógica como espaço dialógico, entendendo que o educando se assuma como sujeito de sua aprendizagem e o educador como mediador nesse processo. Na visão de Freire (2004, p. 33), "transformar a experiência educativa em puro treinamento técnico é amesquinhar o que há de fundamentalmente humano no exercício educativo: o seu caráter formador". A prática educativa deve considerar que "aprender é uma aventura criativa" e as relações entre ensinar e aprender são essencialmente dialógicas (FREIRE, 2004).

A prática pedagógica abrange alguns eixos importantes, tais como seleção de conteúdos, recursos e materiais pedagógicos, planejamento de sequências didáticas e projetos de trabalho, organização social da classe, processo interacional entre professores e alunos, atividades, tarefas e práticas de avaliação, reflexões sobre utilização dos espaços e do tempo pedagógico (ZABALA, 1998).

As reflexões sobre as TIC na escola envolvem as múltiplas dimensões desses eixos articuladores da prática pedagógica. As TIC precisam entrar em cena na escola de modo transversal e transdisciplinar, por meio de planejamentos integrados que envolvam a participação de docentes de diferentes áreas.

Para que os planejamentos didáticos incorporem as TIC no fazer pedagógico, os docentes precisam se apropriar criticamente dos recursos tecnológicos, trabalhando sua condição de "imigrantes digitais" em contato com a geração dos "nativos digitais" (PRENSKY, 2001). As crianças fazem parte da geração de "nativos digitais", pois já estão imersas na cibercultura e se apropriam da tecnologia de modo rápido e dinâmico. Comenta-se sobre a ciberinfância, como período da "infância on-line, da infância daqueles que estão conectados à esfera digital dos computadores, da Internet, dos games, do mouse, do self-service, do controle remoto, dos joysticks, do zapping. Esta é a infância da multimídia e das novas tecnologias" (DORNELLES, 2005).

Então, como trabalhar o fazer pedagógico na ciberinfância? Como organizar situações didáticas de ensino-aprendizagem capazes de motivar os educandos? Certamente não haverá "receitas prontas" para que os docentes insiram as TIC nos planejamentos didáticos, sobretudo na organização de projetos de trabalho integrados. Cada professor(a) irá encontrar uma infinidade de caminhos possíveis, descortinando as múltiplas potencialidades das TIC no contexto escolar.

Inicialmente é importante refletir sobre a internet como espaço de convergência digital, capaz de integrar diferentes mídias (som, imagem, fotografia, vídeo, etc.) e atrair a curiosidade dos educandos para o mundo dinâmico das tecnologias. Comumente a escola revela um discurso autoritário, quando critica o fato de crianças e adolescentes passarem horas e horas conectados(as) às redes sociais da internet e aos jogos digitais, ou quando discute o uso da linguagem abreviada nos ambientes virtuais de interação. Diversas vezes, por exemplo, as mensagens abreviadas nos celulares, o uso de *emoticons*[3] nos *e-mails*, a economia verbal nas sessões de bate-papo (*chats*) disponíveis na *web* são verdadeiros "vilões" no ambiente escolar.

---

[3] A palavra "emoticon" tem origem na junção de termos em Inglês: *emotion* (emoção) + *icon* (ícone). Refere-se ao uso de caracteres tipográficos ou imagens, com o objetivo de traduzir as emoções e o estado psicológico dos participantes das interações virtuais. São muito utilizados nas salas de bate-papo virtual.

Exemplos: ☺ (sorrindo, estou feliz); ☹ (estou triste).

Se, por um lado, a escola proíbe o acesso às redes sociais, aos *games* e aos *chats* nos laboratórios e salas de informática, por outro lado, os alunos estão utilizando as TIC e os recursos da internet fora do espaço escolar, seja nas *lan houses,* seja em sua residência. Assim, se a escola não cumpre seu papel, no sentido de educar criticamente o aluno para o mundo digital, quem irá cumprir? A família? A *lan house*? Ensinar as crianças e os adolescentes a navegar, por exemplo, na internet de forma crítica e segura também é uma tarefa importante que precisa ser compartilhada pela família e pela escola. Educar as crianças para o uso crítico das mídias deve ser uma premissa relevante na organização de sequências didáticas e projetos, no sentido de apoiar a aprendizagem dos alunos.

As crianças já participam do mundo digital e precisam aprender que o fascínio das TIC só faz sentido quando estabelecemos novas relações com os meios tecnológicos. Essas relações devem ultrapassar os limites da passividade e alcançar o plano da criticidade, em que abandonamos a posição de meros usuários e espectadores da tecnologia para ocupar o lugar de produtores, sujeitos autônomos e críticos, capazes de usar a tecnologia para a transformação social. Sob esse aspecto, a escola tem papel importante no sentido de proporcionar espaços efetivos de construção de aprendizagem por meio da organização do trabalho pedagógico.

As TIC podem ser exploradas nas atividades permanentes trabalhadas com as crianças, no sentido de oportunizar as práticas de leitura e escrita não apenas em meio impresso, mas também em novos e diferentes suportes tecnológicos de interação. Assim, as rodas de leitura, os jogos de escrita, a contação de histórias, além de várias outras atividades podem se revelar ainda mais lúdicas para as crianças em contato com vídeos, celulares, computadores, audiolivros, *e-books* e vários outros recursos. A seguir, serão apresentadas algumas ações desenvolvidas por professores que integraram as TIC às suas práticas pedagógicas, por meio de planejamentos didáticos e projetos de trabalho.

Construção de *blogs* na ciberinfância

Os *blogs* funcionam como diários virtuais, de cunho público, com várias informações autobiográficas que são disponibilizadas no ciberespaço. A contribuição dos leitores é muito colaborativa, por meio de recados, avisos, bilhetes, notícias, poemas, ratificando a interatividade entre os processos de leitura/escrita na *web*. Na escola, o *blog* pode ser utilizado como ferramenta tecnológica importante para atividades individualizadas de escrita, bem como para trabalhos mais colaborativos.

Uma professora do 5º ano do ensino fundamental realizou um trabalho com seus alunos, investindo na construção do *blog* da turma. O relato da professora detalha a experiência vivenciada por meio da organização de um projeto didático voltado para dinamizar situações didáticas de ensino-aprendizagem da leitura e escrita em novos suportes tecnológicos, tendo o blog como "gênero digital ou e-gênero" privilegiado (MARCUSCHI, 2005). Vejamos como a professora B, participante do Programa Mídias na Educação, descreve sua intervenção pedagógica:

> No início do ano, vários alunos estavam pouco motivados para a escrita. Iniciei uma conversa com os alunos sobre a internet e percebi o interesse de todos. Daí tive a ideia de criar um *blog* para a turma como espaço de troca de experiências de leitura e escrita. O nome do *blog* foi eleito pela turma depois de uma votação e ficamos com o nome "Blog Página Escrita". A partir de então, comecei a trabalhar com um pequeno projeto didático e o *blog* foi colocado como eixo desta ação para despertar o interesse pela leitura e escrita nas crianças. No *blog*, criamos o espaço "circuito de leituras", onde os alunos podiam visualizar os livros que cada um estava lendo no momento. Havia também o "mural de recados", onde os alunos iam comentando, escrevendo sobre os textos que estavam lendo, dicas de outros sites que eles gostavam, etc. O problema era o tempo curto que tínhamos para levar os alunos para o laboratório da escola. Também às vezes muitos computadores ou estavam quebrados ou não tinham acesso à internet. Mas mesmo assim

insistimos e continuamos o trabalho. O bom foi quando pedimos que cada aluno tentasse construir a sua própria biografia. Antes disso, levamos algumas biografias para a sala, discutimos sobre esse gênero, vimos as biografias dos autores que os alunos liam e depois pedimos que eles escrevessem um pouco sobre eles próprios. Aí foi um tal de "Xiii, não sei fazer isso não! Ah, esta tarefa é muito complicada". Mas quando dissemos que os textos deles seriam publicados no *blog* da turma, parece que a coisa mudou de foco. O trabalho foi finalizado com a exposição do *blog* em uma feira de conhecimento da escola. Acho que a internet ajudou, motivou os alunos a escrever e entender melhor a importância da escrita.

A partir do relato da professora B, percebemos os desafios enfrentados na escola, tendo em vista a dificuldade de acesso à internet, bem como o próprio acesso aos computadores, ratificando-se a ideia do laboratório de informática como lugar quase inacessível, espécie de "museu tecnológico", onde as máquinas vão se amontoando, servindo apenas como ornamento. Os professores vão superando os desafios, tentando elaborar seu planejamento didático-pedagógico em sintonia com a realidade de cada escola, transformando a sua prática docente a partir das demandas dos alunos.

Além do *blog*, a *webquest* revela-se como uma ferramenta importante para o planejamento de atividades didáticas, visando motivar a aprendizagem dos alunos por meio das articulações com os recursos tecnológicos.

Webquest: elaborando projetos e pesquisas

A *webquest* é interessante para motivar as pesquisas na internet. Segundo Moran (2009), o conceito de *webquest* foi desenvolvido por Bernie Dodge, como proposta para utilizar a internet de modo criativo. Podemos dizer que a *webquest* é uma atividade investigativa, que propõe a organização de grupos de trabalho para a realização de pesquisas, utilizando os recursos da *web*. Sua estrutura é bastante simples, conforme o Quadro 1:

Quadro 1
Estrutura da Webquest

Título da Webquest

Uma webquest para tal Disciplina (especificar o público-alvo e a disciplina)

Elaborada por: Autores

Inserir uma figura relacionada com o tema da WQ

Introdução/Tarefa/Processo/Avaliação/Conclusão/Créditos ou Referências

Introdução: contextualização do tema por meio de uma apresentação geral.

A tarefa: descrever qual a tarefa a ser desenvolvida. A tarefa pode ser:

- Elaboração de algum produto.
- Alguma experiência prática.
- Criação de textos, elaboração de situações-desafio, etc.
- Desenvolvimento de uma atividade prática.
- Realização de um exercício de investigação

O processo: é a descrição do passo a passo, ou seja, é preciso colocar as etapas para a realização da tarefa. O aluno precisa conhecer como deve realizar a tarefa. O professor precisa orientar sobre as fontes de pesquisa, bem como toda a metodologia a ser utilizada para o desenvolvimento da atividade proposta.

Avaliação: é interessante descrever os desempenhos a ser observados, bem como os critérios de avaliação que serão utilizados. O aluno precisa saber de que forma será avaliado.

Conclusão: "fechar" a *webquest* com sentenças ou questionamentos que motivem o aluno a buscar mais informações, dando continuidade ao trabalho de investigação. É interessante que o educando tenha compreensão do que aprendeu a partir da atividade, gerando-se um processo de autoavaliação.

Referências: indicações das fontes para a realização da pesquisa.

Como podemos notar, a *webquest* tem uma estrutura semelhante a um pequeno projeto a ser vivenciado pelos alunos sob a mediação dos professores. Em geral, a grande dificuldade de se trabalhar com a *webquest* na escola é superar os desafios de acesso à internet, no sentido de os professores explorarem didaticamente os recursos disponíveis na *web*.

Não podemos negar o papel da escola no processo de inclusão digital, democratizando as TIC para usos didático-pedagógicos. Mas será que, de fato, a escola vem cumprindo esse papel? Será que a escola está criando espaços para contribuir para as práticas de letramento digital dos alunos? Certamente algumas ações são planejadas para transformar a escola como espaço de inclusão social, como, por exemplo, o PROINFO[4] e o PROUCA.[5]

Fora da escola, os espaços de inclusão digital se evidenciam com a expansão das *lan houses*, como se pode notar com a pesquisa do IBGE (2008). Em termos do local de acesso à internet, por exemplo, a pesquisa revela que dos 56 milhões de pessoas que acessaram a internet nos três meses anteriores à data da entrevista 57,1% efetivaram o acesso de sua própria residência; o segundo local de onde mais se teve acesso à internet foi o centro público de acesso pago (35,2%), a exemplo das *lan houses* (IBGE, 2008). E a escola, como se situa diante desses novos recursos? Ainda nos reportando ao levantamento do IBGE (2008), é surpreendente verificar que o ambiente escolar não consta como local de acesso à internet, o que repercute diretamente no papel da escola no processo de inclusão digital.

Não é suficiente apenas o indivíduo ter acesso ao computador ou as TIC para se resolver o problema da exclusão digital. É preciso orientar esse sujeito para que ele saiba usar as tecnologias, articulando teoria e prática, visando ao desenvolvimento de novas competências (COSCARELLI; RIBEIRO, 2005, p. 15).

---

[4] PROINFO é um programa educacional criado pela Portaria nº 522/MEC, de 9 de abril de 1997, para promover o uso pedagógico das TIC e da informática na rede pública de ensino fundamental e médio. O programa leva às escolas computadores, recursos digitais e conteúdos educacionais, cabendo aos estados e municípios garantirem a infraestrutura adequada para laboratórios de informática e formação continuada dos educadores para uso das tecnologias.

[5] O Programa Um Computador por Aluno (PROUCA) é uma iniciativa do MEC, baseada na proposta da ONG internacional *One Laptop per Child* (OLPC), por meio da distribuição de computadores para crianças de países pobres, visando à inclusão digital.

Na escola, a TV e o vídeo também precisam funcionar como recursos tecnológicos incorporados à prática pedagógica dos professores, contribuindo para o processo de inclusão digital e para as práticas de letramento mediadas pelas TIC, como notamos a seguir.

Luzes, câmera, ação... TV e vídeo entram em cena na escola

Na maior parte das vezes, as aulas com a utilização de TV e vídeo podem se transformar em experiências frustrantes para professores e alunos se não houver um planejamento eficaz. A TV e o vídeo podem ser amplamente utilizados para articular os saberes escolares aos temas da atualidade, despertando as crianças e os jovens para uma postura crítica diante dos meios de comunicação de massa, por exemplo. Perceber como as notícias são veiculadas pela mídia, realizar as leituras de implícitos em imagens, anúncios publicitários, acompanhar os discursos das personagens em novelas, desenhos animados, filmes nem sempre é tarefa fácil para crianças e jovens acostumadas a uma postura passiva diante das mídias. Educar para os usos críticos das mídias também é tarefa dos professores que precisam ir além de práticas meramente instrumentais ou técnicas (BELLONI, 2009).

Moran (2006, p. 40) propõe algumas estratégias metodológicas para o uso do vídeo na escola:

Quadro 2
Propostas para uso do vídeo na escola

1.*Vídeo como sensibilização:* uso do vídeo para introduzir um assunto novo, despertando a curiosidade e a motivação do aluno.
2. *Vídeo como produção:* (a) *como documentação* – registros de eventos, aulas, entrevistas, experiências/ (b) *como intervenção* – editar material do vídeo para alguma finalidade didático-pedagógica, ex: acrescentar uma trilha sonora, mudar legenda, etc. (c) *como expressão:* as crianças têm a oportunidade de criar vídeos que traduzam suas emoções e experiências, divulgando suas pesquisas e seus percursos de aprendizagem.

> 3.*Vídeo-espelho:* gravações dos alunos e da prática de interação professor-alunos. Segundo Moran (2006, p. 41), "O vídeoespelho é de grande utilidade para o professor se ver, examinar sua comunicação com os alunos ...".

Fonte: Moran (MORAN; MASETTO; BEHRENS, 2006, p. 40).

A TV e o vídeo entraram nas escolas sem um debate mais amplo sobre sua potencialidade como recursos didáticos que podem apoiar a aprendizagem. Muitos alunos já constroem seus pequenos vídeos, por meio da ferramenta Windows Movie Maker e publicam suas produções no YouTube,[6] enquanto nós, professores(as), tentamos assumir o controle remoto e selecionar os canais para inserir o vídeo nas atividades didáticas em sala de aula. Conforme afirma Moran (2006, p. 40-41): "O professor precisa perder o medo do vídeo, o respeito que tem por ele, e interferir nele como interfere num texto escrito, modificando-o, acrescentando novos dados, novas interpretações, contextos mais próximos dos alunos".

Hoje já encontramos uma diversidade de vídeos[7] que podem ser incluídos em planejamentos de sequências didáticas e projetos, no sentido de dinamizar o processo de ensino-aprendizagem. O potencial das mídias é mágico, fascinante, mas não podemos perder de vista a organização do trabalho pedagógico e as mediações dos educadores, a fim de não correr o risco de acreditar que por si só a tecnologia pode resolver todos os problemas de aprendizagem dos nossos alunos. Diante de um excelente vídeo, por exemplo, o professor pode não desenvolver um bom trabalho se a mediação estiver apenas ancorada em uma abordagem meramente instrumental e técnica dos usos da tecnologia. O contrário também pode ocorrer, ou seja, diante de um vídeo pouco elaborado, o professor pode vivenciar experiências bastante positivas com seus alunos, fazendo-os refletir sobre os equívocos do vídeo, a pouca

---

[6] YouTube é um portal onde os internautas podem pesquisar, publicar e compartilhar vídeos. Disponível em: <http://www.youtube.com>.

[7] Há uma diversidade de portais que disponibilizam vídeos e outros recursos para integrar as TIC à prática pedagógica dos professores: <http://tvescola.mec.gov.br/> <http://www.educarede.org.br/> <http://portaldoprofessor.mec.gov.br/>.

qualidade das imagens, as mensagens estereotipadas, realizando uma análise crítica e transformando os alunos em produtores de sentidos.

A seguir, visualizamos o relato da professora C, que desenvolveu um projeto de Ciências com a produção de vídeo na escola. O projeto de trabalho foi realizado em uma escola pública estadual com alunos do 6º ano do ensino fundamental.

> As crianças adoram imagens, vídeos, desenhos animados, fotografias, etc. Pensei em desenvolver alguma atividade que pudesse motivar as crianças. Quando conheci a ferramenta Windows Movie Maker[8], tive a ideia de tentar criar pequenos vídeos com as produções dos alunos. Havia um grande problema na escola que era a falta de cuidado com o lixo. Os alunos jogavam o lixo em qualquer canto, as salas viravam uma bagunça e ficava tudo muito feio. Tentei casar o projeto com a ideia de tentar preservar o ambiente escolar. Foi aí que surgiu a ideia do projeto. Coloquei o título *A escola também é sua, preserve-a!* A sorte é que na escola havia uma máquina digital e aí saí com os alunos tirando fotos de tudo. Tiramos fotos das salas, da biblioteca, dos banheiros, da entrada da escola, etc. Depois, em outra aula, levei as fotos em meio impresso e pedi que os alunos, em grupos, escrevessem algumas frases com base nas imagens. Surgiram várias frases interessantes. Com essas fotos e as frases dos alunos, tentamos construir um *storyboard*, selecionamos músicas e um dia levei todo mundo para o laboratório de informática. Não dava pra cada um sentar em um computador, também era preciso baixar o programinha. Então coloquei meu laptop acoplado com o datashow para ir mostrando à turma o processo de construção do vídeo com o Windows Movie Maker. Eu sei que esse vídeo foi o maior sucesso, os alunos adoraram a atividade.

O depoimento da professora C relata uma experiência pedagógica que tenta colocar os alunos como produtores na construção de pequenos vídeos. Experiências assim são importantes para que os alunos consigam

---

[8] O Windows Movie Maker é um programa bem simples, que permite a criação de pequenos vídeos. Alguns recursos podem ser adicionados na produção do *storyboard*, como textos personalizados, inserção de som, fotografias, vídeos, além de outros recursos.

migrar da função de meros espectadores para o papel de construtores de produtos tecnológicos. Pesquisar, fotografar, usar o computador, construir *storyboards*[9], produzir pequenos vídeos no Windows Movie Maker podem se transformar em atividades desafiadoras e instigantes no processo de ensino-aprendizagem. As mídias mesclam diversas linguagens e diferentes recursos que podem ser explorados pelos professores na criação de situações didáticas de ensino-aprendizagem voltadas para dinamizar as práticas de letramento digital dos alunos. Ler e escrever em novos suportes tecnológicos, selecionar informações, gravar músicas, produzir vídeos, fotografar, filmar são atividades que precisam estar presentes na rotina da escola, no sentido de contribuir para educação na sociedade tecnológica em que vivemos.

Além dos muros da escola, muitos alunos já desenvolvem essas ações de forma não planejada e pouco crítica, desrespeitando princípios éticos na comunicação *on-line*, correndo riscos ao navegar no turbilhão digital do oceano de informações da rede. É fundamental que a escola perceba seu papel central no processo de inclusão e letramento digital dos alunos, contribuindo para que docentes e discentes reavaliem seus papéis no processo dialógico de ensino-aprendizagem. Como afirmava Freire (1981), "ninguém educa ninguém, ninguém se educa a si mesmo, os homens se educam entre si, mediatizados pelo mundo". Nessa interação entre os homens e o mundo, os professores são atores fundamentais nos processos de mediação pedagógica, ensinando e aprendendo com os alunos a enxergar a realidade de outra forma, a produzir sentidos, a construir seus próprios discursos, a ler o mundo com outras lentes, ultrapassando a "leitura das linhas" para a "leitura além das linhas" (SILVA, 2002).

Conexões finais

Refletir sobre as conexões entre TIC e organização do trabalho pedagógico requer um novo olhar para a prática docente, considerando que a prática pedagógica envolve "o movimento dinâmico, dialético entre o fazer e o pensar sobre o fazer" (FREIRE, 2004).

---

[9] *Storyboard* é construído pela sequência de organizadores gráficos, por exemplo, ilustrações, fotos ou imagens, visando à pré-visualização de filmes e vídeos.

Concordamos com Almeida (2004, p. 7), quando afirma:

> Para incorporar as TIC na escola é preciso ousar, vencer desafios, articular saberes, tecer continuamente a rede, criando e desatando novos nós conceituais que se inter-relacionam com a integração de diferentes tecnologias, com a linguagem hipermídia, teorias educacionais, aprendizagem do aluno, prática do educador e a construção da mudança em sua prática, na escola e na sociedade.

Os professores que associam as TIC à prática pedagógica tentam "ousar, vencer os desafios", superando os entraves, como a escassez de equipamentos e recursos tecnológicos, laboratórios de informática fechados, falta de acesso à internet, além da crescente necessidade de maior aprimoramento na qualificação profissional. Dominar as TIC, construir novas competências, redimensionar seu planejamento, diversificar suas práticas de letramento digital, aprender a usar as ferramentas da *web* 2.0,[10] organizar comunidades de aprendizagem em rede e várias outras ações são fundamentais para os docentes participarem ativamente da cibercultura.

Como professores, precisamos compreender a nossa posição como "imigrantes digitais", aprendendo a aprender a cada instante, tentando motivar a aprendizagem dos "nativos digitais", que já participam dinamicamente do mundo tecnológico, mas precisam aprender a construir relações críticas com as TIC, ultrapassando a posição de meros receptores para construtores de produtos e inovações tecnológicas. Na sociedade da informação, o papel do professor "mais do que ensinar, trata-se de fazer aprender [...], concentrando-se na criação, na gestão e na regulação das situações de aprendizagem" (PERRENOUD, 2000, p. 139).

A escola precisa funcionar como um grande laboratório de experiências, no sentido de se diversificarem as situações didáticas

---

[10] A web 2.0 vem se revelando como a nova geração da internet, caracterizada pelas rápidas trocas de informações e a participação colaborativa dos internautas que compartilham suas experiências em *blogs, orkuts,* vídeos do *youtube, facebooks,* enfim, uma infinidade de recursos que propiciam interações constantes no turbilhão digital do ciberespaço (MATTAR; VALENTE, 2007).

de ensino-aprendizagem, incorporando as TIC ao fazer pedagógico. Com o uso das TIC na escola, professores e alunos podem construir redes de interação e comunidades de aprendizagem, visando à construção do "pensamento complexo", do "conhecimento multidimensional" (MORIN, 2006, p. 13). Na era da cibercultura, caracterizada pela "interconexão, pelas árvores de conhecimentos e pela inteligência coletiva" (LÉVY, 1999, p. 17), a escola precisa planejar suas ações para a construção de aprendizagens em redes colaborativas e compartilhadas, rompendo com as amarras e os limites dos currículos já programados, pouco flexíveis, com planejamentos estanques, monológicos, que já não dão conta da complexidade da sociedade da informação na qual vivemos.

Referências

ALMEIDA, M. E. B. *Tecnologia na escola: criação de redes de conhecimento.* Biblioteca do curso Gestão Escolar e Tecnologias. Boletim 2001. Disponível em: < http://www. tvebrasil. com. br/salto>. Acesso em: 7 ago. 2004.

ARAÚJO, J. *Internet e ensino: novos gêneros, outros desafios.* Rio de Janeiro: Lucerna, 2007.

BELLONI, M. L. *Educação a distância.* Campinas: Autores Associados, 2006.

BELONI, M. L. *O que é mídia-educação?* Campinas: Autores Associados, 2009.

BRASIL. Instituto Brasileiro de Geografia e Estatística (IBGE). *Pesquisa Nacional por Amostra de Domicílios (PNAD).* Acesso à Internet e Posse de Telefone Móvel Celular para Uso Pessoal. Rio de Janeiro, 2008.

CARVALHO, F.; IVANOFF, G. *Tecnologias que educam: ensinar e aprender com as tecnologias de informação e comunicação.* São Paulo: Pearson, 2009.

COSCARELLI, C. V.; RIBEIRO, A. E. (Orgs.). *Letramento digital: aspectos sociais e possibilidades pedagógicas.* Belo Horizonte: Autêntica, 2005.

COSTA, R. Por um novo conceito de comunidade: redes sociais, comunidades pessoais, inteligência coletiva. *Interface* (Botucatu) [online], v. 9, n. 17, p. 235-248, 2005.

CYSNEIROS, P. G. Novas tecnologias na sala de aula: melhoria do ensino ou inovação conservadora? *Informática Educativa*. v. 12, n. 1, 1999, UNIANDES – LIDIE p. 11-24.

DORNELLES, L. V. *Infâncias que nos escapam: da criança na rua à criança cyber*. Petrópolis: Vozes, 2005.

ESPERON, T. M. As tecnologias de comunicação e informação na escola; relações possíveis... relações construídas. Universidade Federal de Pelotas, Faculdade de Educação. *Revista Brasileira de Educação*. v. 11, n. 31, jan. / abr. 2006.

FREIRE, P. *Pedagogia da autonomia: saberes necessário à prática educativa*. São Paulo: Paz e Terra, 2004.

FREIRE, P. *Pedagogia do oprimido*. Rio de Janeiro: Paz e Terra, 1981.

HERNÁNDEZ, F.; VENTURA, M. *A organização do currículo por projetos de trabalho*. Porto Alegre: Artes Médicas, 1998.

HERNÁNDEZ, F.. *Aprendendo com as inovações nas escolas*. Porto Alegre: Artmed, 2000.

HERNÁNDEZ, F. *Transgressão e mudança na educação: os projetos de trabalho*. Porto Alegre: Artmed, 1998.

JORGE RICARDO, E.; VILARINHO, L. Práticas educacionais e tecnologias da informação e comunicação: potencializando a autoria do aluno on-line. In: SANTOS, E.; ALVES, L. (Orgs.). *Práticas pedagógicas e tecnologias digitais*. Rio de Janeiro: E-papers, 2006. p. 107-122.

KENSKI, V. *Educação e tecnologias: o novo ritmo da informação*. São Paulo: Papirus, 2008.

KENSKI, V. *Tecnologias e ensino presencial e a distância*. São Paulo: Papirus, 2003.

LÉVY, P. *As tecnologias da inteligência*. São Paulo: Ed. 34, 1993.

LÉVY, P.. *Cibercultura*. São Paulo: Ed. 34, 1999.

MARCUSCHI, L. A.; XAVIER, A. C. *Hipertexto e gêneros digitais: novas formas de construção de sentido*. Rio de Janeiro: Lucerna, 2005.

MARTELETO, R. M.. Análise de redes sociais – aplicação nos estudos de transferência da informação. *Ci. Inf.*, v. 30, n. 1, p. 71-81, 2001.

MARTINS, M. C. Integração de mídias e práticas pedagógicas. In: VALENTE, J. A.; ALMEIDA, M. E. (Orgs.). *Formação de educadores a distância e integração de mídias*. São Paulo: Avercamp, 2007. p. 203-216.

MATTAR, J.; VALENTE, C. *Second Life e Web 2.0 na educação: o potencial revolucionário das novas tecnologias*. São Paulo: Novatec, 2007.

MORAN, J.M. *Como utilizar as tecnologias na escola*. Disponível em: <http://www.eca.usp.br/prof/moran/utilizar.htm>. Acesso em: 7 ago. 2009.

MORAN, J. M. *Ensino e aprendizagem inovadores com tecnologias*. Disponível em: <http://www.eca.usp.br/prof/moran/inov.htm>. Acesso em: 12 jun. 2002.

MORAN, J. M. Ensino e aprendizagem inovadores com tecnologias audiovisuais e telemáticas. In: MORAN, J. M.; MASETTO, M.; BEHRENS, M. *Novas tecnologias e mediação pedagógica*. Campinas: Papirus, 2006.

MORIN, E.. *Introdução ao pensamento complexo*. Porto Alegre: Sulina, 2006.

PERRENOUD, P. *Dez novas competências para ensinar*. Porto Alegre: Artes Médicas Sul, 2000.

PRENSKY, M. Digital Natives, Digital Immigrants. *On the Horizon*, MCB University Press, v. 9, n. 5, Oct. 2001.

PRETTO, N. L.; ASSIS, A.. Cultura digital e educação: redes já! In: PRETTO, N. L.; SILVEIRA, S. A. (Orgs.). *Além das redes de colaboração: internet, diversidade cultural e tecnologias do poder*. Salvador: Ed. UFBA, 2008.

SILVA, E. T. (Coord.); QUEIROZ, R.; FREIRE, F. M. P.; AMARAL, S. F. do. *A leitura nos oceanos da internet*. Campinas: Cortez, 2003.

SILVA, E. T. *Criticidade e leitura: ensaios*. Campinas: Mercado das Letras, 2002.

SOARES, M. Novas práticas de leitura e escrita: letramento na cibercultura. *Educação e Sociedade*, Campinas, v. 23, n. 81, p. 143-160, dez. 2002.

SOARES, M. *Letramento: um tema em três gêneros*. Belo Horizonte: Autêntica. 1998.

TOMAÉL, M. I.; ALCARÁ, A. R.; CHIARA, I. G.. Das redes sociais à inovação. *Ci.Inf.*, Brasília, v. 34, n. 2, p. 93-104, maio/ago. 2005.

Capítulo 3

O livro didático de Língua Portuguesa na organização da rotina de alfabetização: modos de fazer

Marília Coutinho-Monnier

A importância da investigação sobre a temática "livro didático" se intensifica quando se constata que ele constitui muitas vezes o único material de acesso ao conhecimento, por parte tanto dos professores (que nele buscam a legitimação de seu trabalho e apoio para suas aulas) quanto dos alunos. E a escola, principal responsável pelo ensino do registro verbal (principalmente ler e escrever) da cultura dos dias atuais, concebe o livro (didático ou não) como um instrumento fundamental, um material essencial na realização das funções pedagógicas exercidas pelo professor (SILVA, 1996; LAJOLO, 1996).

Segundo Batista (1999), os livros didáticos podem ser uma interessante fonte para o estudo do cotidiano e dos saberes escolares. Eles são a principal fonte de informação impressa utilizada por parte significativa de alunos e professores, o que ocorre na proporção em que as populações escolares têm menos acesso aos bens econômicos e culturais. Desse modo, os livros didáticos são, para significativa parte da população brasileira, o principal impresso em torno do qual sua escolarização e práticas de leitura serão organizadas e constituídas.

O livro didático na organização do trabalho pedagógico: brevíssimo histórico

Lajolo (1996) comenta que, na sociedade brasileira, os livros didáticos são considerados centrais na produção, circulação e apropriação de conhecimentos, sobretudo dos conhecimentos por cuja difusão a escola é responsável. Assim, o livro didático, que deveria ser um meio, passa a ser usado como um fim em si mesmo, especialmente no que se refere ao trabalho com a língua portuguesa e, mais especificamente, nas práticas de leitura correntes. Segundo Batista (1999), esse impresso, ao longo dos anos, se converteu na principal referência para a formação e inserção no mundo da escrita de um expressivo número de docentes e discentes de nosso país e que, como consequência, tem auxiliado na construção do fenômeno do letramento no Brasil.

Desse modo, os livros didáticos assumiram em nosso país um modelo de livro que se constituiu, entre os anos 1960/1970, em um modelo de estruturação do trabalho pedagógico em sala de aula, de apoio ao trabalho do professor, caracterizando-se essencialmente como fonte de informação para os docentes.

Morais e Albuquerque (2005) enfatizam que o livro didático, no decorrer dos anos, tem se apresentado como um material de referência para a prática docente, em diversos aspectos, entre os quais estão as escolhas dos conteúdos a ser ensinados e a ordem em que eles devem ser abordados, bem como os textos a ser lidos e as atividades a ser desenvolvidas na sala de aula.

Compreendendo a importância do livro didático que estava desatualizado e apresentava erros inaceitáveis, e reconhecendo que muitos deles se distanciavam das atuais propostas curriculares e dos projetos elaborados pela Secretarias de Educação (que, por sua vez, contemplavam as novas orientações didático-pedagógicas relacionadas ao ensino de língua Portuguesa), o MEC criou o Programa Nacional do Livro Didático e passou a desenvolver e executar, desde 1995, um conjunto de medidas para avaliar sistemática e continuamente o livro didático. Dessa forma, desde 1996, os resultados das avaliações são apresentados através das publicações do *Guia de Livros Didáticos* e estes, além de fornecer informações acerca dos manuais, orientam a escolha do livro didático pelos professores.

Diante disso, autores e editoras, interessados em atender às novas exigências surgidas a partir das avaliações dos livros didáticos, apressaram-se para realizar mudanças. As antigas cartilhas para alfabetizar passaram a ser substituídas, desde a década de 2000, por livros que buscam atender às mais recentes perspectivas teóricas nas áreas da linguística e da psicologia.

Mas será que esses novos manuais apresentam orientações teórico-metodológicas que podem auxiliar no desenvolvimento do trabalho do professor? Como os docentes estão efetivamente utilizando esses "novos" livros?

Neste artigo, apresentaremos as dinâmicas de sala de aula de duas professoras que utilizavam o livro didático como um dos materiais de apoio à organização do trabalho pedagógico e, demonstraremos como as mestras re-construíam as atividades propostas, modificando-as ou mesmo acrescentando outras, de acordo com as necessidades de suas práticas. Essas modificações estavam relacionadas com a necessidade de complementar as atividades do livro didático.

O livro didático na sala de aula: o que diziam as docentes a seu respeito? Como o utilizavam?

Os dados aqui apresentados são o produto de uma pesquisa de mestrado realizada entre os anos 2002 e 2004 e apresentam partes dos resultados de uma investigação sobre as práticas de leitura alfabetização com uso de diferentes manuais didáticos.[1]

Para a reflexão acerca do uso do livro didático na organização da rotina em turmas de alfabetização, optamos pela análise do cotidiano de duas alfabetizadoras que utilizavam o mesmo manual (PASSOS; PROCÓPIO, 2001). Desse modo, procedemos à observação de suas práticas buscando compreender como a adoção do livro poderia auxiliar na elaboração do planejamento, na condução das atividades, além de orientar as escolhas didático-metodológicas das mestras.

Iniciaremos esta seção apresentando os dados obtidos a partir das observações realizadas entre os meses de março e dezembro de 2003, nas classes de duas professoras que, àquela época, atuavam em turmas do 1º ano do 1º ciclo (alfabetização) em escolas municipais de Recife.

---

[1] Os dados aqui apresentados já foram publicados nos anais da 28ªAnped (2005) e nos anais do Endipe (2006), cf. as referências bibliográficas deste artigo.

Durante esse período, observamos que as professoras utilizaram o livro didático com certa frequência.

Gostaríamos de iniciar a reflexão sobre o uso do livro partindo do fato de que ambas as professoras afirmaram gostar do livro didático adotado e que se sentiam auxiliadas por ele. Conceição[2], por exemplo, destacou a organização do livro (por projetos didáticos) como um ponto positivo, além de citar que as próprias atividades eram interessantes:

> [...] Ele [o livro didático] é muito bom. É todo em projetos e aí dá para trabalhar interdisciplinarmente. [...] Ele tem muitas atividades boas, muitas tarefas diferenciadas; é um complemento para a gente.

A outra professora participante deste estudo Yarany também ressaltou que essa organização era bastante interessante e relatou como o manual didático a auxiliava na organização de sua prática:

> [...] Ele está me ajudando bastante; [...] ele me dá uma coisa que eu não tenho muito, que é a sistemática, né? É aquela coisa de organização cronológica. Então, quando eu tô trabalhando o projeto, eu já tenho que seguir aquele projeto, começar e terminar, avaliar; tem aquela coisa predeterminada, que é mais fixa. Não fica tão solto. Eu acho que ele tem me ajudado, enquanto professora, nesse aspecto.

Considerando que ambas afirmaram gostar e usar o livro didático, é importante analisar *como* elas utilizavam-no. Apresentaremos a seguir algumas táticas de uso do manual, que elas desenvolveram e que conseguimos identificar, a partir seja dos relatos de suas entrevistas, seja das observações das suas práticas.

Uso não sequenciado do livro

A primeira tática refere-se ao uso não sequenciado do material. Embora Yarany e Conceição tenham realizado diversas atividades relacionadas

---

[2] Optamos, a partir da solicitação das professoras, pela manutenção de seus verdadeiros nomes.

aos diferentes projetos do livro, observamos que nem todos os projetos foram contemplados por elas e que aqueles que o foram não seguiram a ordem proposta pelos autores. As escolhas dos projetos, porém, não eram aleatórias: havia uma intenção pedagógica subjacente a elas.

Conceição, por exemplo, realizava seu planejamento, optando pelo trabalho com temas geradores, ligados às datas comemorativas. Assim, o uso do livro relacionava-se a essa forma de organização, servindo como complemento à sua prática:

> A gente faz os planejamentos da gente baseado nas datas comemorativas. Então, de acordo com as datas, a gente vai vendo tanto os nossos materiais como os do livro. A gente vai vendo e complementando [...]. Ele é cheio de projetos e, aí, você trabalha tanto a questão da alfabetização como das outras disciplinas. [...] Você vai pegando o seu programa e vai conciliando, né?

Embora Yarany não tenha afirmado a opção pelo uso não sequenciado do livro didático, observamos, em sua dinâmica de sala, que essa era também a sua prática e que os projetos trabalhados seguiam uma ordem baseada no calendário escolar. Por exemplo, no mês de junho, época em que se comemoram fortemente os festejos juninos, em nossa região, Yarany fez uso do projeto do livro didático, intitulado "Festas Juninas", ainda que alguns dos projetos anteriores não tivessem sido realizados.

Conceição, por sua vez, realizou os projetos que abordavam os temas "São João" e "Folclore" nos meses correspondentes a essas festividades. Já no final do ano realizou atividades do projeto "Brincando com Palavras", que na sequência do livro deveria ter sido vivenciado antes dos dois projetos anteriormente citados. Conceição rompeu com a sequência do manual, articulando os projetos nele propostos com suas necessidades pedagógicas.

Leitura dos textos das unidades trabalhadas e de alguns enunciados

Outra tática de uso do livro que merece destaque está relacionada com a forma pela qual as professoras exploraram o material textual, presente no livro *Letra, palavra e texto*. Embora durante as entrevistas as mestras não tenham feito referências explícitas à qualidade dos textos impressos no livro didático, pudemos perceber que ambas consideravam os textos como materiais de qualidade, uma vez que, na dinâmica de suas salas de aula, observamos que leram todos os textos presentes em cada um dos projetos trabalhados.

A leitura de enunciados também apareceu com significativa frequência. Era muito comum, na prática de Yarany, por exemplo, antes de iniciar a leitura dos textos, ela fazer a leitura dos enunciados que os antecediam. A forma como realizava a leitura dos enunciados, no entanto, variava: em alguns momentos ela mesma era a responsável pela leitura; em outras situações, solicitava que seus alunos lessem o que propunham as autoras e que, depois, dissessem o que haviam compreendido.

Conceição também explorou alguns enunciados de tarefas, como apresentaremos a seguir.

No dia 28 de outubro de 2003, a professora realizou uma atividade de leitura de texto, propondo, em seguida, a execução do exercício da seguinte página:

Figura 1

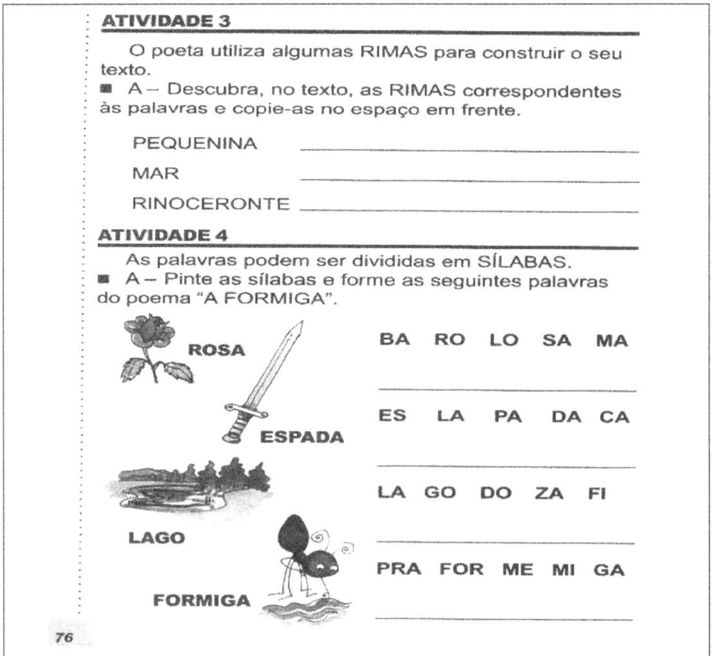

ATIVIDADE 3

O poeta utiliza algumas RIMAS para construir o seu texto.
■ A – Descubra, no texto, as RIMAS correspondentes às palavras e copie-as no espaço em frente.

PEQUENINA _____
MAR _____
RINOCERONTE _____

ATIVIDADE 4

As palavras podem ser divididas em SÍLABAS.
■ A – Pinte as sílabas e forme as seguintes palavras do poema "A FORMIGA".

ROSA — BA RO LO SA MA

ESPADA — ES LA PA DA CA

LAGO — LA GO DO ZA FI

FORMIGA — PRA FOR ME MI GA

Fonte: *Letra, palavra e texto*, 2001, p. 76.

> **Professora**: O escritor diz assim: *Pinte as sílabas e forme as seguintes palavras do poema* "A Formiga" (Vinícius de Morais). Então? Vai fazer o quê?
> **Alunos**: Pintar!
> **Professora**: Então vamos fazer.

Conceição também realizou a leitura de enunciados, a qual esteve diretamente relacionada à realização das tarefas do livro. Esse fato ficou evidente nas situações em que observamos a professora utilizar o livro didático: no geral, não lia os enunciados que antecediam o texto nem lia o enunciado completo das atividades, se detendo na leitura dos comandos relacionados à execução da tarefa em si. No exemplo acima, a atividade 4 tinha uma introdução ("as palavras podem ser divididas em SÍLABAS") e, em seguida, vinha a instrução para a realização da atividade (A – Pinte as sílabas e forme as seguintes palavras do poema "A FORMIGA"). Apenas essa instrução foi lida.

Fabricação de atividades de apropriação do sistema a partir do livro didático

Pudemos observar claramente, no cotidiano das professoras, que o texto presente no livro também serviu de instrumento para a realização de outras atividades, nem sempre sugeridas pelas autoras, por exemplo, atividades de exploração de estratégias de leitura e as de sistematização do sistema de escrita. É importante observar que as professoras "re-construíam" as propostas do livro didático, dependendo de suas necessidades ou em função de atividades que elas consideravam importantes e que não estavam contempladas no manual.

Assim, criaram atividades relacionadas à aquisição do sistema de escrita alfabético. Yarany verbalizou em sua entrevista que o livro era carente de atividades desse tipo e que ela buscava complementá-lo:

> Ele [o livro didático] não traz esta questão da decodificação, né?; do sistema alfabético. Ele, praticamente, não trata, né? E, aí, a gente tava sentindo necessidade disso. Ele é um livro que... Ele começa já com projetos de trabalho, né? E os meninos não conseguiam fazer" (Yarany).

Observemos, a seguir, como ela fazia isso:

Yarany no dia 22 de maio de 2003, fez a atividade de leitura de um texto informativo e em seguida discutiu com os alunos acerca de uma partida de futebol, referindo-se à tarefa apresentada abaixo, mas sem ler o enunciado.

Diante da impossibilidade da realização de um jogo, a mestra recriou a tarefa conforme descrito a seguir:

Figura 2

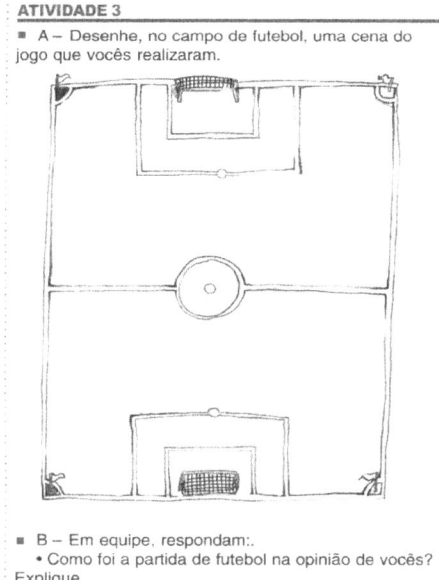

> **ATIVIDADE 3**
>
> ■ A – Desenhe, no campo de futebol, uma cena do jogo que vocês realizaram.
>
> [campo de futebol]
>
> ■ B – Em equipe, respondam:.
> • Como foi a partida de futebol na opinião de vocês? Explique.
> • Qual a importância das regras no jogo? E na escola?
>
> 32

Fonte: *Letra, palavra e texto*, 2001, p. 32.

Professora: Nós temos 20 alunos, não é? Se eu fosse separar vocês em dois grupos, metade fica no lado A, metade no lado B...

Alunos: Dez!

Professora: "Agora, vocês vão se dividir em grupo: dez aqui e dez lá" (separando as crianças em dois grupos, em lados diferentes da sala). "Olha, neste cantinho do livro, aqui, vocês vão escrever os nomes dos colegas de vocês; do time, tá?" (aponta para a margem da página 32).

Alunos: Tá!

Como podemos observar, Yarany transformou uma atividade, inicialmente de desenho, em atividade de apropriação do sistema de escrita, correspondente à escrita de palavras estáveis (os nomes de colegas da sala), rompendo com a ideia de que os alunos que ainda estão em processo de alfabetização devem substituir a escrita por desenhos. Por sua vez, embora Conceição não tivesse verbalizado que considerava as atividades de apropriação do sistema de escrita insuficientes, observamos, em sua prática, que ela também *re-criava* as propostas do livro didático e aproveitava os textos, com o objetivo de explorar essa sistematização, como aconteceu na leitura dos poemas "O buraco do tatu" e "A formiga". Podemos ler a seguir um trecho de sua entrevista, em que ela descreveu como usava o livro:

> Geralmente eu faço uns cartazes para a gente ler. Depois, eles vão para o livro; eles identificam algumas palavras [...] a gente usa o alfabeto móvel; passo tarefinhas para casa, para eles fazerem colagem de palavras [...].

É importante considerar que muitas vezes as mestras tentavam seguir as orientações dos autores para a realização das tarefas, mas, nem sempre isso era possível. Já pudemos observar como Yarany redimensionou a proposta do livro didático para atender a uma necessidade prática (não havia bola para a realização da partida de futebol).

Mas essa não era a única dificuldade encontrada. Conceição e Yarany relataram o "problema" de trabalhar com um livro elaborado para os alunos das regiões Sul e Sudeste. Não pretendemos aqui defender o uso "à risca" de um suposto livro didático regionalizado, mas acreditamos que existência de um livro melhor adaptado à realidade cultural dos alunos e docentes que o utilizam pode facilitar a organização do trabalho pedagógico, além de promover mais amplamente a ativação de conhecimentos prévios dos alunos.

A seguir, observaremos como as mestras procuraram contextualizar as atividades em função de uma adequação cultural.

Contextualização das atividades do livro didático

As professoras relataram que se sentiam incomodadas com a falta de regionalização do livro didático, e esse era um dos motivos pelos quais elas sentiam a necessidade de modificar o que ele propunha:

> Tem algumas coisas que eu acho que seriam melhores se fossem ligadas à região da gente, sabe? Até o tipo de receita que ele tem de pé-de-moleque é diferente do nosso [...] você mostra o deles e enriquece o menino [...], não deixa de ser enriquecimento, mas, por que a gente tem sempre que ser subordinado ao sul, sudeste? A gente também tem nossa cultura. Eu gostaria muito que tivesse o livro da gente; mais pé no chão, sabe? (Conceição).

Em um dos momentos de sua aula, Yarany também precisou "regionalizar" uma das propostas do livro didático. Vejamos a seguir o que ela fez:

Yarany, no dia 18 de junho de 2003, retomou oralmente uma atividade de leitura. Sentada no chão, a docente conversou com seus alunos sobre o que eles já haviam estudado acerca da festa de São João:

Figura 3

PÉ DE MOLEQUE

Ingredientes

01 rapadura.
02 kilos de amendoim torrado e limpo.
1/2 (meio) litro de água.

Modo de Fazer

1º – Derreter a rapadura na água até dar uma puxa não muito dura.
2º – Colocar o amendoim.
3º – Bater até dar o ponto de espalhar para cortar.

CAJUZINHOS

Ingredientes

01 kilo de amendoim torrado e moído.
01 lata de leite condensado.
01 kilo de açúcar refinado.
06 colheres de sopa de toddy.

Modo de Fazer.

1º - Misture o amendoim, o leite condensado e o toddy em uma vasilha.
2º - Amasse e enrole em forma de cajú.
3º - Passe no açúcar refinado e coloque um pedaço de amendoim na parte achatada.

Fonte: *Letra, palavra e texto*, 2001, p. 103.

> **Professora**: Quais são os símbolos que nós escrevemos o significado, na outra tarefa?
>
> **Alunos**: *Fogueira, balão, bandeirinha, comidas, danças.*
>
> **Professora**: *Que comidas são típicas do São João?*
>
> **Alunos**: *Milho, canjica, pamonha, bolo de milho, pé de moleque, cajuzinho.*
>
> **Professora**: *O cajuzinho, embora tenha no livro, não é muito do costume da gente aqui, no Nordeste, porque este livro é para o Brasil inteiro, para todas as cidades; e eu não sei como é no Sul, mas, no Nordeste, aqui em Recife, no São João, a gente não come mais cajuzinho do que no normal, né? A gente come cajuzinho quando? O docinho cajuzinho?*
>
> **Alunos**: *Quando vai numa festa.*
>
> **Professora**: *Quando vai numa festa, independente de ser São João ou não. O livro da gente traz, mas não é costume nosso comer mais cajuzinho porque é São João. Mas a gente come mais canjica no São João.*

Ambas as professoras perceberam alguns limites do livro didático, como ficou evidenciado em suas falas e suas práticas. Elas não só estiveram sempre atentas, buscando contextualizar as atividades presentes, como também acrescentaram outras quando sentiram que era necessário. Elas fizeram críticas ao material, embora não tivessem deixado de usá-lo. Quando foi preciso, as professoras "re-inventaram" as propostas de atividades presentes no livro e fabricaram outras.

Algumas considerações sobre o uso do livro e a organização das práticas das professoras

Como já havíamos citado no início deste capítulo, o livro didático tem se tornado um instrumento de "formação" das professoras, e elas acreditam que, à medida que trabalham com esse material, suas práticas podem ser enriquecidas e aprimoradas. Conceição destacou, por exemplo, como ponto positivo, o fato de estar usando o livro didático pelo segundo ano consecutivo:

> *Quando eu comecei o trabalho com a alfabetização, eu conheci este livro* (Este era o segundo ano dela como alfabetizadora) *e quando cheguei aqui, esse ano foi também esse mesmo livro, e como eu já conhecia, achei ótimo porque, assim, você aprimora mais o trabalho, né?*

Yarany, por sua vez, afirmou, em sua entrevista, que lamentava o fato de não ter tido a oportunidade de conhecer esse livro antes do início das aulas, período em que, segundo ela, seria de grande importância para sua familiarização com o material:

> Uma outra coisa que eu acho ruim é que a gente ficou conhecendo o livro no mesmo dia dos alunos. No final do ano letivo, eu não tava com o livro para dar uma olhada, nas férias; o que é que ele se propunha; eu e os meninos conhecemos igualmente, né? O livro que chegou a mim não foi aquele livro que traz os pressupostos metodológicos (referindo-se ao livro do professor), e a gente pegou um dia ou dois antes de começar.

A familiaridade com o livro didático facilita o seu uso e possibilita uma maior exploração de suas propostas. O Programa Nacional do Livro Didático propõe uma escolha válida por três anos e, embora os manuais didáticos de alfabetização sejam consumíveis, a seleção permanece a mesma, só podendo ser modificada no próximo ano de escolha. Consideramos que essa é uma boa opção, pois, em função do que pudemos observar na prática dessas duas professoras, existe a necessidade de um período que possibilite a apropriação do material e de muitas possibilidades de seu uso.

Com relação ao uso dos manuais, pudemos constatar que as mestras não o seguiam na íntegra e que, muitas vezes, o livro didático era utilizado como um *organizador* de suas práticas e que elas não se limitavam ao seu uso.

Para as professoras observadas, o livro didático configurava-se apenas como mais um dos materiais que elas utilizavam na fabricação de suas práticas: as docentes faziam uso dos manuais didáticos no que diz respeito tanto aos exercícios que nele eram sugeridos quanto durante os exercícios, criavam táticas de uso do material, rompendo com a sequência proposta e com a "obrigatoriedade" de realização de todas as atividades propostas.

O mais interessante é perceber que, na construção de suas práticas de alfabetização, elas recriam as atividades propostas pelo manual e acrescentam outras que constituem suas práticas profissionais.

> Eu também não tenho aquela expectativa, nem aquela vontade de ter um livro ideal, porque eu acho que o livro é um suporte do trabalho da gente e se o livro não tá dando certo, usa dentro das coisas boas que ele traz e você completa com seu trabalho, com atividades diferentes em sala de aula o que você acha que tá faltando, que tá deixando a desejar. (Yarany).

Esse fato nos permite compreender que a construção de uma prática pedagógica não é resultado apenas do que é discutido no meio acadêmico ou do que é transposto para os livros didáticos: os professores sempre reinterpretam os discursos pedagógicos e reconstroem suas práticas a partir de outras já existentes.

Referências

BATISTA, A. A. G. Um objeto variável e instável: textos, impressos e livros didáticos. In: ABREU, M. (Org.). *Leitura, história e história da leitura*. Campinas: Mercado de Letras: Associação de Leitura do Brasil; São Paulo: FAPESP, 1999. (Coleção Histórias de Leitura).

COUTINHO, M. L. *Práticas de leitura na alfabetização de crianças: o que dizem os livros didáticos? o que fazem os professores?* Dissertação (Mestrado em Educação) – Programa de Pós-graduação em Educação. Universidade Federal de Pernambuco, Recife, 2004.

COUTINHO, M. L. *Atividades de leitura no livro didático de alfabetização*: o que propunha o livro didático? O que pensavam/faziam as professoras? In: ENDIPE, 2006, Recife. Políticas Educacionais, Tecnologias e Formação do Educador: repercussões sobre a didática e as práticas de ensino, 2006.

COUTINHO, M. L. *Práticas de leitura na alfabetização de crianças*: o que dizem os livros didáticos? o que fazem os professores?. In: 28º ANPED, Caxambu (MG). 40 anos de pós-graduação no Brasil: produção de conhecimentos, poderes e práticas, 2005.

LAJOLO, M. Livro didático e qualidade de ensino. In: *Em Aberto*. Ministério da Educação e Desporto SEDIAE/ INEP. Ano 16, n. 69, 1996.

MORAIS, A. G.; ALBUQUERQUE, E. B. C. Novos livros de alfabetização: dificuldades em inovar o ensino do sistema de escrita alfabética. In: VAL, M. G. C.; MARCUSCHI, B. (Orgs.). *Livros didáticos de língua portuguesa:* letramento e cidadania. Belo Horizonte: Ceale; Autêntica, 2005. (Coleção Linguagem e Educação).

SILVA, E. T. Livro didático: do ritual de passagem à ultrapassagem. In: *Em Aberto*. Ministério da Educação e Desporto SEDIAE/INEP. Ano 16, n. 69. 1996.

PASSOS, J. M. A.; PROCÓPIO, M. M. S. *Letra, palavra e texto*: alfabetização e projetos. São Paulo: Scipione, 2001.

Capítulo 4

Ler e escrever no cotidiano escolar: há lugar para a biblioteca?

Ester Calland de Sousa Rosa

A notícia da chegada de um acervo para compor a biblioteca é normalmente recebida com alegria no contexto escolar. Afinal, muitos consideram o acesso a livros um indicador de progresso pessoal e social e que dispor de um acervo literário significa ser portador de sinais de prestígio. Se isso é válido no plano individual, também o seria para a escola, que passaria a dispor de um patrimônio valorizado por todos.

Como explicar, então, que depois de distribuídos às escolas os livros continuem encaixotados ou que virem meros objetos decorativos mantidos em salas trancadas e pouco acessíveis aos estudantes e professores? Como entender que o espaço originalmente destinado à biblioteca no projeto arquitetônico da escola tenha se transformado em um depósito de materiais ou que não exista um local adequado na escola para acolher os livros distribuídos? Como explicar que a biblioteca não esteja preparada para auxiliar na pesquisa escolar e que os estudantes *optem* pela *lan house* quando necessitam acessar informações disponíveis em suportes eletrônicos? O que dizer da prática de alguns professores que não sentem necessidade de inserir a ida à biblioteca escolar em seu planejamento didático?

Essas e outras questões nos fazem refletir sobre uma indagação mais geral e que parece conectar todas essas inquietações, qual seja: que mediações precisam ser efetivadas para que os livros e a biblioteca, tão desejados, se transformem de fato em ferramentas que possam ser apropriadas pelo conjunto da comunidade escolar e sejam indicadores de uma escola que assegura a todos o direito de aprender?

Vale esclarecer que a convivência com livros na escola não se dá exclusivamente na biblioteca, embora o debate neste capítulo seja focado nesse espaço e na defesa de sua contribuição à prática escolar, em particular no campo do ensino da língua.

Inicialmente discutimos o papel da biblioteca escolar no contexto da educação básica, para em seguida sugerir conteúdos de ensino que caracterizam a intervenção pedagógica nesses espaços e finalizamos apresentando exemplos de professoras que atuam em bibliotecas, onde conduzem diferentes atividades de leitura e de escrita.

Livros e biblioteca na escola: afinal, para quê?

Políticas de distribuição de livros e de constituição de bibliotecas nem sempre andam juntas. No contexto brasileiro, o esforço de distribuição sistemática de acervos já tem mais de uma década[1], enquanto o último censo escolar (2009) atesta que menos de 40% das escolas públicas de ensino fundamental possuía biblioteca. Além disso, a obrigatoriedade da existência desses espaços só recentemente ganhou materialidade legal (Lei nº 12.244/2010) e, ainda assim, estabelecendo um prazo de dez anos para que se alcance a universalização desses equipamentos em todas as escolas da educação básica do País. Assim, podemos dizer que a biblioteca escolar ainda se coloca como um horizonte a ser alcançado, enquanto a disponibilização de livros didáticos e de diversos gêneros literários já é uma realidade universalizada nas escolas públicas brasileiras.

---

[1] Esta distribuição se dá através do Programa Nacional Biblioteca da Escola (PNBE), implantado desde 1997 e que tem distribuído anualmente livros para todas as modalidades da educação básica. Junto com o PNLD, constitui o maior programa nacional de distribuição de livros.

Se olharmos para as escolas que já contam com esse equipamento, na maior parte das vezes, as bibliotecas ainda se caracterizam como espaços fechados, quase inacessíveis, nos quais livros se transformam em peças decorativas e desarticuladas da rotina da sala de aula. É isso que se evidenciou, por exemplo, nos resultados de uma avaliação diagnóstica do Programa Nacional Biblioteca da Escola (PNBE), em que foram investigadas 196 escolas, em 19 municípios e 8 estados da União. Naquele levantamento, verificou-se que a biblioteca escolar funciona em espaços físicos precários, onde há acúmulo de livros didáticos, acervo desorganizado e disposição pouco atrativa ao leitor. Além disso, na maioria dos casos faltam professores designados especificamente para as bibliotecas; existe uma alta rotatividade dos profissionais; falta formação para o desempenho da função; predominam professores *readaptados*, e inexistem concursos públicos para bibliotecário escolar. Enfim, a leitura e a biblioteca não integram o projeto pedagógico das escolas (BERENBLUM; PAIVA, 2006).

Como conciliar, por um lado, a imagem da biblioteca vislumbrada enquanto ícone da cultura letrada, símbolo de prestígio e, por outro, esse retrato das bibliotecas escolares no País? A biblioteca escolar delineada no estudo de Berenblum e Paiva (2006) nos parece distante do *dínamo cultural* preconizado no Plano Nacional do Livro e da Leitura (PNLL, 2006), quando defende que:

> A biblioteca não é concebida aqui como um mero depósito de livros, como muitas vezes tem se apresentado, mas assume a dimensão de um dinâmico polo difusor de informação e cultura, centro de educação continuada, núcleo de lazer e entretenimento, estimulando a criação e a fruição dos mais diversificados bens artístico-culturais; para isso, deve estar sintonizada com as tecnologias de informação e comunicação, suportes e linguagens, promovendo a interação máxima entre os livros e esse universo que seduz as atuais gerações (BRASIL, 2006, *apud* MARQUES NETO, 2010, p. 46).

Também não parece materializar aquilo que é defendido em documentos internacionais como o manifesto apresentado pela International Federation of Library Associations (IFLA) e aprovado na Conferência

Geral da UNESCO de novembro de 1999, quando descreve a biblioteca escolar como um local que

> [...] promove serviços de apoio à aprendizagem e livros aos membros da comunidade escolar, oferecendo-lhes a possibilidade de se tornarem pensadores críticos e efetivos usuários da informação, em todos os formatos e meios [...] para o alcance de maior nível de literacia na leitura e escrita, aprendizagem, resolução de problemas, uso da informação e das tecnologias de comunicação e informação (MACEDO, 2005, p. 425, 426).

Certamente a distribuição de acervos e a implantação de bibliotecas em escolas, embora importantes e necessárias, são insuficientes para assegurar as funções educativas previstas nesse manifesto ou no que é preconizado no PNLL.

Embora o acesso seja um requisito básico, é no campo das práticas, dos usos que se faz dos livros e dos espaços destinados à sua guarda e disponibilização que encontramos as possibilidades de ruptura com modelos pouco eficazes e que não garantem às novas gerações seu direito de integrar comunidades de leitura na escola e de ter assegurado "um conhecimento experimentado sobre as mediações culturais do mundo do livro" (COLOMER, 2007, p. 50) que se prolonguem para além do período de escolarização. Se a questão do livro e de seus dispositivos materiais não se restringe ao acesso, defendemos que é necessário, então, que a escola e os educadores que nela atuam estabeleçam objetivos claros para que acervos, equipamentos e seus espaços se tornem parte das atividades de ensino da língua, em especial no que se refere às práticas de leitura e de produção de textos. Nesse sentido, o acesso ao livro é importante, mas não é condição que por si só irá garantir a formação de leitores, e em particular de sua *educação literária* (COLOMER, 2007) e *educação para a informação* (INRP, 2006). Na seção a seguir discutiremos essas duas dimensões educativas e suas associações com a biblioteca.

Literatura e informação na biblioteca escolar

Quando pensamos no que leva uma pessoa a frequentar uma biblioteca e em particular uma biblioteca situada numa escola, é comum virem à mente pelo menos duas imagens. A primeira é a de um leitor em busca de um *jardim interior* (PETIT, 2002) ou de uma experiência estética nos *bosques da ficção* (ECO, 1994); de alguém que ao ler pode "reimaginar o mundo e, nesse processo, conhecer-se" (CADEMARTORI, 2009, p. 23). A outra imagem é a de um estudante que procura na biblioteca informações para um trabalho ou pesquisa acadêmica (ROSA; BESERRA, 2011; PIERUCCINNI, 2008), como, aliás, o fazem 65% de usuários de bibliotecas públicas municipais, conforme o Censo realizado em 2010 pelo Ministério da Cultura.

Vamos refletir um pouco sobre essas duas imagens e suas consequências para a organização do trabalho pedagógico que se realiza na biblioteca da escola.

Ir à biblioteca para escolher um livro para ler em casa, para *matar o tempo* no intervalo entre aulas, para ouvir a leitura de histórias, para participar de um sarau poético, um encontro com escritores ou para conversar no clube literário. Nessas e noutras situações similares, a biblioteca pode ser entendida como um mediador na educação literária, na medida em que assegura diferentes formas de aproximação de textos literários.

A leitura de literatura na biblioteca pode ser guiada por alguns objetivos, como aqueles anunciados por Riter (2009, p. 70), a saber: descoberta de universos literários, descoberta de novos autores, espaço de troca e partilhas literárias, ambiente para indicação e orientação de caminhos de leitura, contato com acervo de qualidade.

Para alcançar esses objetivos, a biblioteca pode estar aberta para que os estudantes (individualmente ou em grupos) tenham contato com livros e histórias de sua escolha. Pode também estar apoiando iniciativas de professores que orientam visitas à biblioteca em articulação com atividades desenvolvidas em sala de aula. É possível também que profissionais que atuam na biblioteca (professores, bibliotecários) executem uma programação (esporádica ou permanente) envolvendo a leitura de textos literários e sua partilha entre os estudantes.

Além desses objetivos e formas de organização do acesso a livros e textos, a biblioteca pode estar engajada numa educação literária que tenha um caráter formativo, para além da leitura de fruição, para deleite ou evasão da realidade. Nesse sentido, a perspectiva é contribuir para

> [...] a *formação da pessoa*, uma formação que aparece ligada indissoluvelmente à construção da sociabilidade e realizada através da confrontação com textos que explicitam a forma em que as gerações anteriores e as contemporâneas abordaram a avaliação da atividade humana através da linguagem. [...] Assim, o texto literário ostenta a capacidade de reconfigurar a atividade humana e oferece instrumentos para compreendê-la, posto que, ao verbalizá-la, cria um espaço específico no qual se constroem e negociam valores e o sistema estético de uma cultura [grifo da autora] (COLOMER, 2007, p. 31, 27).

Para que a educação literária cumpra essa finalidade, além da garantia de acesso a bons textos literários, a mediação escolar se faz em outra dimensão. Se, por um lado, os textos "permitem que se diga o que não sabemos expressar e nos falam de maneira mais precisa o que queremos dizer ao mundo, assim como nos dizer a nós mesmos" (COSSON, 2009, p. 17), por outro,

> [...] os livros, como os fatos, jamais falam por si mesmos. O que os fazem falar são os mecanismos de interpretação que usamos, e grande parte deles são aprendidos na escola. Depois, a leitura literária que a escola objetiva processar visa mais que simplesmente ao entretenimento que a leitura de fruição proporciona. No ambiente escolar, a literatura é um lócus de conhecimento e, para que funcione como tal, convém ser explorada de maneira adequada. A escola precisa ensinar o aluno a fazer essa exploração (COSSON, 2009, p. 26-27).

Como dito no início desta seção, além de propiciar alguma forma de educação literária, as práticas pedagógicas ensejadas na biblioteca escolar estão usualmente associadas à pesquisa escolar.

O leitor da biblioteca é muitas vezes identificado como alguém que tem demandas de informação específicas e que busca fontes para cumprir alguma tarefa acadêmica. Essa busca pode se limitar à localização e seleção de informações, o que supõe um frequentador de biblioteca capaz de se transitar pelas estantes ou de *navegar* em sítios de busca eletrônica. Para atender a essa finalidade, a ênfase recai sobre a organização e a disponibilização do acervo, sua catalogação e sistema de recuperação da informação, com ações educativas concentradas naquilo que vem sendo chamado de *educação do usuário* ou letramento informacional (CAMPELO, 2009).

Se entendermos, no entanto, que localizar informações não gera necessariamente conhecimento novo (o que seria, em última instância, o objetivo de qualquer investigação, mesmo aquelas empreendidas nos limites da escola), outras aprendizagens passam a ser necessárias para que a biblioteca apoie a pesquisa escolar. Além do acesso e da organização de informações, processa-se um deslocamento de foco, que inicialmente estava localizado

> [...] no uso da biblioteca (pesquisa documental) para uma concepção multiforme que inclua uma diversidade de mídias (textuais, visuais, áudio, etc.), dos saberes técnicos que oscilam entre a cooperação e apropriação e das disposições cognitivas para produzir, trocar e transformar os conhecimentos[2] (INRP, 2006, p. 1).

Nesse sentido, o leitor que realiza pesquisa escolar na biblioteca pode estar envolvido num processo de *educação para a informação*, consolidando diversas habilidades, conhecimentos e atitudes associados à busca e à apropriação de informação, e não apenas atendendo a uma demanda escolar mais imediata.

Pelo exposto, entendemos que a educação literária bem como a educação para a apropriação da informação podem ser consideradas como os conteúdos privilegiados da intervenção pedagógica na biblioteca escolar. Como, então, situar esses dois componentes na organização do trabalho da escola, tendo a biblioteca como ponto de apoio? É o que será exemplificado na seção a seguir, a partir de

---

[2] "[...] à l'usage de la bibliotheèque (recherche documentaire) vers une conception multiforme incluant une diversité de médias (textuels, visuels, áudio, etc.), dês savoir-faire thechniques oscillant entre coopération et personnnalisation, et dês dispositions cognitives pour produire, échanger et transformer les connaissances". [Tradução nossa]

relatos de professoras que desempenham suas funções pedagógicas nesses espaços.

A biblioteca inserida em diversas formas de organização do trabalho escolar com a linguagem

> [...] A biblioteca não pode mais ser percebida como algo estático, como um mero depósito de livros. Hoje, ela pode e deve funcionar com um espaço vivo, espaço de troca, de comunicação, de parcerias, de conexão. Ou seja, a partir dela muitas possibilidades de leitura e escrita podem ser vivenciadas. É preciso mudar o conceito que temos de biblioteca escolar, e inseri-la de fato no funcionamento da escola. [...] O trabalho da biblioteca precisa estar focado na palavra, no comunicar, no lúdico, para que consigamos estabelecer vínculos com os estudantes. Qual o sentido de usar a biblioteca escolar, apenas, para se pesquisar trabalhos escolares em livros didáticos ou em enciclopédias ultrapassadas? (Profa. Maria do Rosário Neves Menezes).

Esse depoimento é de uma professora que tem desenvolvido sua prática pedagógica numa biblioteca escolar, na rede pública de ensino do Recife. Ao descrever o que é seu foco de trabalho, ela nos revela que a biblioteca é um lugar da palavra, da comunicação. Evidencia, desse modo, que o acervo e o espaço a ele reservado têm uma finalidade clara: propiciar diferentes possibilidades de uso da palavra, na forma oral, na leitura e na escrita.

Acompanhando um grupo operativo com professoras que atuam em bibliotecas escolares, foram coletados relatos como este da professora Rosário e que sugerem várias dimensões do trabalho com *a palavra*, mobilizadas a partir desses espaços e dos materiais nele disponíveis.[3] Os relatos indicam algumas formas de organizar o trabalho pedagógico na biblioteca escolar, sempre em articulação com a sala

---

[3] Os depoimentos aqui apresentados foram coletados como parte da pesquisa "*Bibliotecas escolares: projetos, práticas e aprendizagens na formação de leitores*" (2009-2010). Os relatos foram escritos pelas professoras, como forma de documentar e refletir sobre sua prática docente em bibliotecas escolares do Recife e todas autorizaram sua identificação.

de aula e o laboratório de informática e tendo como foco o ensino na área da linguagem. Destacamos neste capítulo:

- Atividades permanentes de educação literária e com grupos de interesse;
- Projetos didáticos;
- Excursões pedagógicas e eventos temáticos;
- Participação em concursos e conexão com redes virtuais;
- Apoio à pesquisa escolar.

Atividades permanentes de letramento literário e com grupos de interesse

Conforme argumentamos na seção anterior, falar em biblioteca escolar remete necessariamente a *letramento literário* (COSSON, 2009; EVANGELISTA; BRANDÃO; MACHADO, 2003) ou, como preferimos, à *educação literária*. Sendo assim, frequentar regularmente a biblioteca tem como uma de suas decorrências principais que os estudantes ganhem familiaridade com histórias e seus suportes, e tenham contato regular e diversificado com livros e outros portadores de textos.

Vejamos o depoimento de Isis Fragoso, professora de biblioteca que atua no turno noturno, com turmas de EJA, em que aponta desafios e possibilidades de inserir a educação literária como ação permanente da biblioteca escolar:

> [...] A biblioteca que temos na escola é interativa, (pois) dispomos de três espaços, um com recursos tecnológicos, computadores com acesso a internet, data show, DVD, outro com um palco iluminado adequadamente e outro com mesas, estantes e muitos títulos que compõem o acervo.
>
> Na primeira vez que recebi uma das turmas do módulo V, convidei-os para sentar no ambiente da biblioteca em que dispúnhamos do palco e de almofadas confortáveis. Fiquei no centro do palco, só com as luzes deste ambiente acesas. Apresentei um livro de poesia de Manoel Bandeira, [...] comecei a recitar o poema "O bicho" e fui convidando em seguida os estudantes para também "ler" poesia.

> A princípio, os estudantes ficaram mudos, começaram a repassar entre eles o meu convite, comecei a incentivá-los, li outros poemas, refiz o convite, e aos poucos alguns estudantes realizaram a leitura. Uns quiseram permanecer sentados, outros se empolgaram e foram até ao palco realizá-la.
>
> Nos encontros que se seguiram, retomei o trabalho com poesia. Durante as aulas, conversava com eles a respeito do gênero, por que era fundamental recitar e não somente ler poesia; que sentimentos vinham a tona ao recitarmos poesia; o que o poeta quis passar nas poesias ao escrevê-las; sobre a estrutura da poesia, enfim, sobre todos os aspectos em que é estruturado o gênero.
>
> [...] Desta vez o propósito era recitar de fato os poemas. Eles liam, reliam e foram tentando dramatizar e colocar sentimento nos versos dos poetas. Um recitava, todos aplaudiam, outro pedia para ir, e assim eles foram tomando gosto e se envaidecendo por poder ler e ter a atenção de todos. No final destas atividades, os estudantes saíram animados, diziam que o momento era "gostoso e descontraído".
>
> O trabalho intensivo com poesia resultou em um projeto que desenvolvi na escola, em 2008, cujo tema era *Despertando a poesia na escola*.

Um aspecto a destacar no registro dessa professora é a conjugação de dois requisitos para que a biblioteca escolar se torne um *lugar da palavra*: a disposição física do ambiente e a existência de uma mediadora na condução das atividades ali realizadas. Esses dois aspectos podem ser entendidos como instâncias de mediação que se complementam. Embora a leitura possa, e deva, ocorrer em diferentes espaços da escola, a existência da biblioteca amplia essas possibilidades, oferecendo arranjos próprios para o trabalho com a oralidade, para a leitura compartilhada em grupos, para a expressão individual.

No relato da professora, os encontros promovidos na biblioteca tendo como finalidade ler e ouvir poesia, antes mesmo de se desdobrarem num projeto didático, tinham um espaço assegurado na rotina escolar. A turma do módulo V tinha horários fixos para ir à biblioteca e lá realizavam atividades direcionadas pela professora, cujo foco era a leitura compartilhada de textos poéticos.

Assegurar esse espaço – físico e temporal – na rotina da escola constitui uma contribuição efetiva da biblioteca no sentido de garantir que a leitura de textos literários esteja presente, e de forma contínua, no cotidiano da escola.

Outra modalidade de atividade permanente que aparece nos relatos das professoras de biblioteca é a organização de grupos temáticos. Canto coral, teatro, dança, brigada ambiental. Essas são formas de organização presentes, por exemplo, na biblioteca da E.M. Antonio de Brito Alves, que tem a professora Valéria Suely S. Barza Bezerra como mediadora. É na biblioteca que acontecem os encontros dos jovens que integram a Comissão de Qualidade de Vida (Com-Vida) da escola. É lá que semanalmente eles se reúnem para planejar suas atividades. E o local também serve para realizar exposições, para sessões de leitura em grupo e para usar os jogos de mesa temáticos disponibilizados pelo MEC para a área de educação ambiental. A biblioteca constituiu também um acervo especializado a partir do interesse com a temática do meio ambiente. Para esse grupo, o laboratório de informática também é um espaço de encontros e de acesso a *blogs* que tratam de sustentabilidade ambiental; para acessar redes sociais e sítios da rede mundial de computadores que atualizam os jovens nessa temática de interesse comum. Regularmente, eles consultam portais para identificar concursos, para se informar da programação de outros fóruns juvenis nesse tema, entre outras atividades que envolvem leitura e escrita. O grupo é coordenado e dinamizado pela professora de biblioteca, que inseriu essa atividade em seu planejamento de trabalho semanal.

Esses exemplos apontam para duas direções em que a biblioteca escolar pode se integrar ao cotidiano da sala de aula, constituindo uma atividade permanente na rotina das turmas. Por um lado, para realizar o trabalho de educação literária, é preciso estabelecer uma regularidade na ida dos grupos-classe à biblioteca, preferencialmente com frequência pelo menos semanal e tendo assegurada a mediação de um educador. Por outro lado, a integração da biblioteca à rotina escolar pode agregar novos elementos à lógica da distribuição do tempo do aluno na escola. Assim, ele pode aproveitar o horário do recreio, estender o turno ou aproveitar janelas no horário para participar de grupos de interesse diferenciado. Um avanço nessa proposta seria a inserção dessa diversificação curricular como parte do planejamento semanal das turmas, utilizando os vários equipamentos disponíveis na escola e assegurando a escolha autônoma dos estudantes de algumas atividades que venham a compor seu tempo escolar.

Projetos didáticos

Se a biblioteca escolar é o lugar da educação literária e da organização de grupos de interesse, lá também podem ser desenvolvidas sequências e projetos didáticos. Vejamos o relato da professora Rosário a esse respeito:

> [...] Sempre procuro em minhas mediações de leitura na Biblioteca Escolar Clotilde de Oliveira[4] oportunizar a palavra para as crianças e faço isso desde as séries iniciais. Se a biblioteca é um espaço de conexão, nada melhor do que permitir aos estudantes esse acesso à palavra, ao ouvir, ao contar.
>
> Para mim, o desafio foi ainda maior porque tinha dificuldade em organizar as rodas de leitura para as crianças menores. Então, procurei um caminho para que conseguisse chegar a essas crianças, de uma maneira mais leve, ou seja, ouvindo suas estórias e descobrindo seus potenciais. Com essa dinâmica, descobri que através da contação de estória, estabeleci uma via de comunicação diferenciada com esses estudantes.
>
> Realizei com alunos do Ciclo I/Ano I [grupo de crianças com 6 anos] a leitura do livro *Histórias do arco da velha*, de Elita Ferreira [Editora Bagaço]. Esse livro fala de uma contadora de estórias (D. Iaiá) que amava construir personagens com materiais diversificados e fazer apresentações para a garotada da rua. Inicialmente, pensei em trabalhar com as crianças a exploração das principais ideias da estória e a criação de um personagem. Mas depois percebi a riqueza do livro. Já que atuo como mediadora de leitura, por que não mostrar às crianças, muitas delas ainda não alfabetizadas, que elas também são contadoras de estórias, assim como a Dona Iaiá, personagem principal do livro trabalhado?

---

[4] Essa biblioteca está situada na Escola Municipal Almirante Soares Dutra, em Recife.

O projeto teve a duração de aproximadamente um mês e meio. O que estava programado para duas aulas, tomou uma proporção maior, o que me deixou bastante realizada. Foram percorridos caminhos para que cada um ao seu modo pudesse dar sentido e forma ao que desejavam comunicar. O projeto foi desenvolvido em duas turmas do mesmo ano. A única diferença no projeto foi o produto final criado pelas crianças – vídeo e livro. Mas as etapas foram as mesmas, sendo que em uma turma teve destaque a oralidade, enquanto contavam sua estória eu filmava, e na outra turma reuni as estórias das crianças e elaborei o livro e todos os estudantes que participaram do projeto receberam seu exemplar. Ambos fazem parte do nosso acervo e foram lançados durante a 1ª Semana Literária realizada em nossa escola.

O que iniciou como uma tentativa de introduzir uma atividade permanente – a roda de contação de histórias – gerou o engajamento das crianças na elaboração de um material informativo que passou a integrar o acervo da biblioteca. Esse é um aspecto que diferencia o trabalho com projetos na biblioteca. Se é comum ter como produto de um projeto didático a confecção de um livro artesanal, de um vídeo, de materiais para uma exposição ou outra produção, a biblioteca favorece que esse produto tenha como finalidade tornar-se parte do acervo coletivo da escola. Desse modo, os estudantes passam a ser produtores de informação, e não apenas seus usuários. Aquilo que eles elaboraram como parte do projeto didático passa a ser material para ser lido, visto, ouvido, conhecido e divulgado para o conjunto da escola.

O grupo de professoras de biblioteca pesquisado apresentou diversos exemplos dessa prática: a confecção de um catálogo de profissões e de um catálogo do acervo de literatura infantil da biblioteca (com estudantes de turmas de EJA), a elaboração de um livro de instruções para confecção e brincadeiras com jogos populares, a escrita de um livro registrando histórias de assombração ouvidas no bairro, a preparação de um vídeo documentando a vida de um artista do bairro e sua produção musical, entre outros.

No conjunto de projetos relatados pelas professoras, a literatura sempre está presente, integrando as atividades motivadoras iniciais, perpassando as diferentes etapas de realização do projeto e como produto final. Assim como defende Colomer (2007, p. 119), o trabalho com projetos é uma modalidade que

> [...] melhor permite que os alunos se beneficiem da relação entre a literatura e as aprendizagens das distintas áreas curriculares e que mais possibilita a inter-relação das aprendizagens linguísticas, sobretudo quando os objetivos dos projetos se situam especificamente neste campo.

Excursões pedagógicas e eventos temáticos

Além da realização de atividades permanentes e de projetos didáticos, a biblioteca escolar pode articular ações mais esporádicas, também atinentes a seu trabalho com a linguagem. Um exemplo dessa forma de organizar o trabalho na biblioteca é o relato recolhido da professora Ivana, da E. M. Novo Pina, em Recife, sobre o processo de montagem da exposição "Cores e cocares". Além de realizar atividades comuns em projetos didáticos, os estudantes, conduzidos e acompanhados por essa professora, se envolveram nas etapas de organização de uma exposição cultural que tinha como foco o conhecimento sobre costumes e cultura de povos indígenas de Pernambuco. Para tanto, realizaram uma extensa pesquisa em diferentes fontes (impressas, eletrônicas e audiovisuais), visitaram exposições, fizeram a montagem do material, discutiram a melhor forma de orientar os visitantes e atuaram como guias durante a visitação. Nesse sentido, a montagem da exposição criou uma oportunidade para que os alunos conhecessem mediadores culturais tais como museus, galerias de arte, centros culturais e que pensassem sobre as ações educativas que se realizam nesses espaços.

Eventos mais diretamente vinculados ao letramento literário também são realizados com frequência nas bibliotecas escolares pesquisadas. Saraus e chás poéticos, tarde de autógrafos, festival literário, conversa com escritores são exemplos de atividades esporádicas que acabam compondo uma agenda ou calendário próprios e conectam a comunidade escolar em circuitos culturais mais amplos.

Participação em concursos

O modo de organização do trabalho pedagógico da biblioteca possibilita que o professor encarregado de sua dinamização atue como profissional de conexão, ou seja, que busque articular a ação realizada na escola com outros mediadores culturais. A professora Valéria Fonseca, que atua na Biblioteca Escolar Carlos Drummond de Andrade é, por exemplo, uma entusiasta desse tipo de ação. Ela busca regularmente na internet informações sobre concursos literários para crianças e jovens, concursos de elaboração de HQ, premiações de boas práticas, editais públicos de apoio a iniciativas de escolas. Com isso, a biblioteca mobiliza outros docentes e grupos de estudantes a consultar eletronicamente os endereços de promotores culturais, festivais, institutos de apoio social, o portal do Ministério da Educação, entre outros. Desse modo, a rotina de buscar informação sobre concursos de interesse da escola ou de algum grupo específico de frequentadores da biblioteca, passa a ocupar parte do tempo pedagógico de algumas turmas. Para tanto, o espaço do laboratório de informática é fundamental como local para consulta, inscrição de trabalho, confecção de material, edição, etc.

Apoio à pesquisa escolar

Como já afirmamos, a biblioteca é um lugar privilegiado para a realização da pesquisa escolar. Num sentido mais convencional, é para lá que os estudantes se dirigem para localizar informações acerca de algum tema definido pelo professor. Numa perspectiva de educação para a informação, esse tipo de prática ganha outra significação, qual seja, contribuir para que os estudantes adquiram habilidades, conhecimentos e atitudes favoráveis à elaboração de conhecimento.

Nesse sentido, o trabalho com projetos didáticos na biblioteca, em geral favorece a realização de pesquisa escolar tendo como objetivo gerar conhecimento, mesmo que num nível mais elementar. Alguns temas de pesquisa podem surgir a partir das atividades de educação literária que ali se desenvolvem. Outros podem se originar na sala de aula e ter no espaço da biblioteca um dispositivo a mais.

Vejamos um exemplo de pesquisa realizada a partir da proposição da professora de biblioteca Márcia Fontana:

> Todo início de ano, nos dias de planejamento, a coordenadora sugere e discute com as professoras temas que poderão ser abordados a cada mês, então procuro fazer o planejamento dos encontros na biblioteca com as crianças de acordo com a programação da escola.
>
> Em março de 2009, mês de aniversário do Recife, procurei no acervo algum livro que levasse a uma conversa sobre a cidade. Escolhi o livro *O mar e suas lendas*, escrito por crianças de Brasília Teimosa (região praieira do Recife), em que elas contam histórias que explicam, por exemplo, por que o mar é salgado ou como surgiu o nome da praia do Buraco da Veia. Minha intenção era que, após a leitura, as crianças também contassem histórias que rondam o lugar onde elas vivem.
>
> Organizei as cadeiras de forma circular para facilitar a visualização e para que todos ficassem de frente uns para os outros. Fiz a mesma atividade, embora trabalhando com dois grupos de crianças, um grupo do 3º ano do 1º ciclo, crianças com idade entre 8 e 9 anos e outro grupo do 1º ano do 2º ciclo, idade entre 10 e 12 anos. Apresentei o livro para as crianças explicando que tinha sido feito por crianças que moram perto da praia, assim como elas. Selecionei duas histórias: "Deus colocou sal no mar" e "A Lenda do Buraco da Veia". Comecei perguntando se elas sabiam por que o mar era salgado. Deixei que levantassem suas hipóteses e li como as crianças autoras do livro explicavam isso. Depois falei da praia que tinha lá em Brasília Teimosa que se chama Buraco da Veia, algumas crianças conheciam, e li a história que explica o porquê daquele nome.
>
> Elas ficaram interessadas em ouvir as outras histórias do livro. Feita a leitura foi fácil vê-las motivadas a contar suas próprias histórias.
>
> Surgiram histórias sobre uma mulher macaco que de noite fica em cima de uma árvore assombrando quem passa pela rua; sobre um cachorro que morreu atropelado, e quem passa perto do

lugar onde isto aconteceu pode ouvir um som estranho saindo de dentro de um bueiro; de uma velha que fica no corredor do prédio assustando as meninas que fazem barulho; de uma assombração que aparece debaixo de uma jaqueira e outras mais comuns como da comadre Florzinha, do lobisomem e da loira do banheiro.

Conforme ouvia as histórias, observei como as crianças gostavam de ouvir os colegas e disputavam a vez de falar também, tudo isso provocado pela leitura de um livro escrito por crianças que elas nem conheciam. É admirável perceber como as crianças aprendem com outras crianças! Parecia que agora nós entrávamos no mundo delas, em suas fantasias mescladas de uma realidade vivida, sentida na pele e construída por parentes e vizinhos que agora eram trazidos para dentro de um espaço que até então era permeado de histórias de um mundo desconhecido, que têm origem em outros locais, como os contos de fadas, por exemplo, e outras leituras partilhadas na biblioteca. Da posição de ouvintes, elas passaram a ocupar o lugar de quem conta histórias, tecem narrativas, constrói um mundo ficcional. Enfim, criou-se um ambiente de aproximação, mediado pelas histórias lembradas, ouvidas, contadas, inventadas...

Destaca-se desse relato da professora Márcia o fato de que ela recorreu a fontes de pesquisa pouco convencionais quando se pensa em biblioteca escolar. Inicialmente escolheu como leitura para mobilização do interesse do grupo, um livro artesanal, produzido por crianças de um bairro próximo à localidade da escola. Em seguida, as próprias crianças da turma passaram a ser informantes privilegiados na coleta de narrativas orais – histórias de assombração – que circulam na comunidade local. A tradição oral, com suas características próprias (por exemplo, diferentes versões de uma mesma história) ficou materializada no produto final da pesquisa realizada pelas crianças – o livro intitulado por elas de *Para ter medo*.

No modelo apontado por essa professora, fazer pesquisa na biblioteca é uma atividade coletiva, que se apoia em fontes orais e escritas e, a partir delas, produz novas informações ou novos modos de sistematizar informações já conhecidas. Na organização do trabalho pedagógico, esta deixa de ser uma atividade eminentemente individual e extraescolar, passando a integrar, com centralidade, as atividades empreendidas no espaço da biblioteca escolar, em articulação com a sala de aula.

Considerações finais

A biblioteca escolar, assim como a sala de aula ou qualquer outro equipamento da escola, pode ter seu funcionamento orientado por diferentes formas de organização. Esses modos de existir precisam estar associados a objetivos de ensino, que no caso da biblioteca, se voltam para a educação literária e a educação para a informação. Além disso, a existência de espaços e acervos não prescinde da mediação de educadores que conduzam práticas de ensino complementares ao que ocorre na sala de aula. Enfim, é o contato extensivo e intensivo com livros e textos que precisa ter centralidade em qualquer que seja a estratégia de ordenar o trabalho pedagógico na biblioteca. Nunca é demais lembrar que um dos pioneiros da educação brasileira afirmou, ainda em meados do século passado:

> Ensino e biblioteca são instrumentos complementares [...]; ensino sem biblioteca é um instrumento imperfeito. A biblioteca sem ensino, ou seja, sem a tentativa de estimular, coordenar e organizar a leitura, será, por seu lado, instrumento vago e incerto (LOURENÇO FILHO, 1944, p. 3-4).

Referências

BAJARD, E. *Caminhos da escrita: espaços de aprendizagem*. São Paulo, Cortez, 2002.

BERENBLUM, A; PAIVA, J. *Por uma política de formação de leitores*. Brasília: Ministério da educação, Secretaria de Educação Básica, 2006.

CADEMARTORI, L. *O professor e a literatura: para pequenos, médios e grandes*. Belo Horizonte: Autêntica, 2009. (Série Conversas com o Professor, 1).

CAMPELO, B. S. *Letramento informacional: função educativa do bibliotecário na escola*. Belo Horizonte: Autêntica, 2009.

COLOMER, T. *Andar entre livros: a leitura literária na escola*. São Paulo: Global, 2007.

COSSON, R. *Letramento literário: teoria e prática*. São Paulo: Contexto, 2009.

ECO, U. *Seis passeios pelos bosques da ficção*. São Paulo: Companhia das Letras, 1994.

EVANGELISTA, A.; BRANDÃO, H.; MACHADO, M. (Org.). *A escolarização da leitura literária*. Belo Horizonte: Autêntica, 2003.

INRP. Éducation à l'information. *La letre d'information* n. 17 – avril 2006 <www. Inrp. fr/vst>.

KUHNTHAU, C. *Como usar a biblioteca na escola: um programa de atividades para o ensino fundamental*. Tradução de Bernadete Santos Campelo *et al*. Belo Horizonte: Autêntica, 2004.

LOURENÇO FILHO, Manuel Bergström. *O ensino e a biblioteca*: 1ª conferência da série educação e biblioteca. Rio de Janeiro: Imprensa Nacional, 1944.

PERROTTI, E. Uma pesquisa entre dois tempos. In: BAJARD, E. *Caminhos da escrita: espaços de aprendizagem*. São Paulo, Cortez, 2002. p. 19-28.

PERROTTI, E. Entre a falta e o excesso de informação. In: PERROTTI, E. (Org.). A aventura de conhecer. *Salto para o futuro*. Ano XVIII, boletim 15, set. 2008. Ministério da Educação. Secretaria de Educação a Distância. Brasília, 2008. p. 3-10.

PETIT, M. *Os jovens e a leitura: uma nova perspectiva*. Tradução de Celina Olga de Souza. São Paulo: Editora 34, 2008.

PETIT, M. *A arte de ler: ou como resistir à adversidade*. São Paulo: Editora 34, 2009.

PIERUCCINNI, I. A busca do conhecimento na escola: a pesquisa e a construção do conhecimento. Em: PERROTTI, E. (Org.). A aventura de conhecer. *Salto para o Futuro*. Ano XVIII, boletim 15, set. 2008. Ministério da Educação. Secretaria de Educação a Distância, p. 49-64.

RITER, C. *A formação do leitor literário em casa e na escola*. São Paulo: Biruta, 2009.

ROSA, E. C. S.; BESERRA, N. S. Pesquisa escolar, projetos didáticos e gêneros textuais: uma aproximação possível. In: LEAL, T. F.; SILVA, A. (Orgs.). *Recursos didáticos e ensino de língua portuguesa: computadores, livros... e muito mais*. Curitiba: CRV, 2011, p. 173-192.

SANTOS, F.; MARQUES NETO, J. C.; RÖSING, T. M. K. *Mediação de leitura: discussões e alternativas para a formação de leitores*. São Paulo: Global, 2009.

Capítulo 5

Atividades em grupo: que benefícios podem trazer ao processo de aprendizagem?

Telma Ferraz Leal
Severina Érika Morais da Silva Guerra
Juliana de Melo Lima

Neste artigo, objetivamos discutir sobre a importância das atividades em grupo na organização do trabalho pedagógico, evidenciando o quanto essa forma de trabalho favorece apropriações de conhecimentos, habilidades e atitudes. Tal tema emergiu em decorrência de nossas vivências em programas de formação continuada de docentes em que o assunto era constantemente trazido por professoras cursistas e em situações em que discutíamos os dados de duas pesquisas voltadas para a investigação de situações de ensino.

As reflexões expostas neste artigo contemplam situações em grande grupo, que envolvem todo o grupo-classe na mesma atividade; situações em pequenos grupos, em que a turma pode ser dividida em equipes, tanto para a realização de propostas em que todos os estudantes participam da mesma atividade quanto para os momentos em que diferentes grupos realizam tarefas diferentes; situações em dupla ou mesmo situações em que projetos especiais agregam estudantes de grupos-classe diferentes para o desenvolvimento de projetos de trabalho ou procedimentos didáticos destinados a suprir necessidades especiais, por exemplo, quando há crianças em várias turmas que não atenderam às expectativas de aprendizagem da etapa de escolaridade em que se encontram.

Vamos iniciar nossa exposição com uma breve reflexão sobre o papel da interação na aprendizagem. Depois passaremos a discutir sobre a importância do trabalho em grupo em atividades voltadas para a aprendizagem do sistema alfabético de escrita, retomando um trabalho anterior em que, juntamente com um grupo de professores em formação, analisamos atividades destinadas à alfabetização de crianças. Após essa breve discussão, centraremos o debate na análise de situações de produção coletiva de textos, com base em dados coletados por Guerra (2009), no âmbito de sua dissertação de mestrado. Por fim, analisaremos depoimentos de crianças em que elas avaliavam as aulas que tinham vivenciado na escola. Tais depoimentos foram analisados por Lima e Leal (2009). As conclusões, portanto, a ser apresentadas no final do texto, decorreram das análises dos dados acima expostos.

O papel da interação na aprendizagem

Defender o papel da interação e, consequentemente, do trabalho em grupo, na aprendizagem não é uma tarefa difícil. Na verdade, já é lugar-comum falar que o trabalho em grupo favorece a apropriação de conhecimentos, habilidades e atitudes. No entanto, ainda não são aprofundados os debates sobre as razões pelas quais essa forma de organização do trabalho pedagógico favorece tais aprendizagens. Neste capítulo, nos dedicaremos a esta discussão.

Nossa defesa do trabalho em grupo decorre da aceitação do pressuposto de que a aprendizagem é um processo em que o aprendiz empreende esforços para aprender, ou seja, ao concebermos que a aprendizagem se dá na interação com o outro, estamos defendendo que o aprendiz é ativo e que aprender requer trabalho mental, exigindo que ele se engaje na sua própria aprendizagem, sobretudo, ao lidarmos com conceitos e atividades mais complexos, como é a escrita. Nesse caso, adotamos, para seguir tal linha de pensamento, a perspectiva de Leontiev (1984), na qual a atividade é considerada como uma estrutura de comportamento orientada por motivos que estão contidos nas condições de interação social.

> A atividade é definida por um objetivo (representação consciente do resultado da ação), requer a execução de operações

(meios, procedimentos operatórios para alcançá-lo), mas é, sobretudo, sustentada por uma motivação (o que leva a agir) (BERNARDIN, 2003, p. 22).

Assim, se aprender é uma atividade, podemos aprender a aprender. Sobre tal questão, Bernardin (2003), ao apresentar os resultados de uma pesquisa em que acompanhou um grupo de crianças em seu primeiro ano de escolarização, atentou que uma das principais dificuldades dos estudantes investigados era a falta de clareza cognitiva.

> A criança encontra-se na clareza cognitiva quando sabe que aprende, quando sabe o que aprende, por que aprende e como aprende. Isso parece dificilmente realizável *a priori*, se consideramos a especificidade da atividade tal como a entendemos, caracterizada pelo processo (relativamente lento) de tomada de consciência dos objetivos, onde não são determinados previamente nem o porquê nem como se vai aprender (já que vão estar em atividade no decorrer da aprendizagem) (BERNARDIN, 2003, p. 132).

Consideramos, assim como Bernardin, que de fato a aprendizagem requer engajamento e se dá na interação. Desse modo, consideramos que o trabalho em grupo pode favorecer a tomada de consciência acerca de decisões a tomar durante as atividades propostas, pois ideias conflitantes desautomatizam as tarefas. Concebemos que a interação pode levar as crianças a trocar informações, bem como a partilhar estratégias de resolução de problemas e modos de "pensar" sobre os conteúdos mobilizados para a realização das atividades propostas. No entanto, na escola, é necessário que tais interações sejam provocadas e mediadas pelo docente que propõe tarefas a serem realizadas conjuntamente.

Assim, como já defendiam Davis, Silva e Espósito (1989, p. 50), cabe ao professor criar condições para a colaboração, compreensão mútua e comunicação produtiva, além de discutir regras de interação (troca). Os autores afirmam que

> [...] a interação com o outro – seja ele um adulto ou uma criança mais experiente – adquire, assim, um caráter estruturante na construção do conhecimento na medida em que oferece, além da dimensão afetiva, desafio e apoio para a atividade cognitiva.

A interação social atua, dessa forma, sobre a Zona de Desenvolvimento Proximal, fazendo com que processos maturacionais em andamento venham a se completar, fornecendo novas bases para novas aprendizagens (p. 52).

Moro (1991) também defende a realização de atividades em grupo e a intervenção do adulto durante as atividades, com base na ideia de que é importante orientar as tarefas e intermediar trocas entre as crianças, favorecendo o conflito cognitivo, maximizando adequadamente os conflitos e provocando soluções estruturantes. Nas relações criança-criança, a autora observa situações de regulagem mútua; imitações; complementação; ações opostas de iniciativa; e divisão de tarefas. Perret-Clermont (1979) é outra referência sobre o tema, ao sugerir que situações nas quais as crianças precisam coordenar entre si ações ou confrontar opiniões podem provocar modificações na estruturação cognitiva e resolução de problemas. Enfim, diferentes autores vêm, há muito tempo, evidenciando que as atividades em grupo promovem mudanças nos próprios modos de lidar com as tarefas a serem realizadas. Nas atividades em grupo, os participantes partilham não apenas informações, mas também estratégias de aprendizagem e de resolução de problemas. Bortolotto (2001) destaca que, em relação à perspectiva bakhtiniana, podemos afirmar: "A própria consciência é resultado do processo interacional em que o sujeito está continuamente imerso; ela se explica pelo social, tendo por base mediações semióticas onde a linguagem ocupa presença obrigatória" (BORTOLOTTO, 2001, p. 5).

Com base, portanto, na ideia de que a interação social promove a aprendizagem e a motivação para aprender, vimos, neste capítulo, defender o trabalho em grupo como modo de organização dos estudantes em diferentes atividades escolares. Para continuar o debate, apresentaremos inicialmente reflexões sobre o trabalho em grupo em situação de ensino da base alfabética.

Alfabetização: por que realizar também atividades em grupos?

Os modos de distribuir as crianças no processo de alfabetização (individualmente, em dupla, em pequenos grupos, em grande grupo) têm sido um tema recorrente em indagações feitas por professores em processo de formação continuada. Em 2005, como parte de um projeto de produção de material para professores, enfrentamos tais questões e, com apoio de docentes em formação, nos dedicamos a pensar sobre os benefícios, ou não, de realizarmos atividades em grupo com crianças[1] (LEAL, 2005). Nesta seção, retomaremos tal discussão.

A primeira questão a ser tomada como ponto de partida para tal debate é a constatação de que o ensino do sistema alfabético de escrita é complexo e que

> [...] a aprendizagem não se dá num mesmo ritmo para todos os aprendizes e que eles não percorrem exatamente os mesmos caminhos. O próprio conjunto de conhecimentos construídos anteriormente ao ingresso à escola não é uniforme. Alguns alunos chegam à sala de aula já tendo certa familiaridade com as letras, sabendo nomeá-las e, alguns, até entendendo a lógica de junção dessas letras para formar palavras; outros chegam sem compreenderem que os símbolos que usamos (letras) são convenções sociais e acham que podem escrever com rabiscos ou mesmo com desenhos (LEAL, 2005, p. 89).

Nas discussões realizadas com os docentes em formação, percebíamos que identificar as necessidades de cada aluno e atuar com todos ao mesmo tempo, entender o que cada aluno já sabe e escolher as melhores opções didáticas para cada um deles eram habilidades a ser construídas pelos professores. Decidir se determinada atividade poderia ser realizada em grupo ou se seria melhor conduzi-la em momentos de estudo individual das crianças era muito difícil para muitos dos profissionais que participavam daqueles encontros. Frente a essa

---

[1] O grupo de professores estava participando de uma ação desenvolvida no âmbito do Projeto Rede, em 2005, financiado pelo MEC, em que professores da UFPE e professores da Educação Básica construíam juntos material para ser utilizado em formação de professores (livros, guias didáticos, programas de vídeo). Para a produção do material que é foco deste artigo, foi formado um grupo de 40 professores dos anos iniciais do ensino fundamental, que participou de um curso sobre alfabetização, de 60 horas e, durante a realização dos encontros, os docentes produziam relatos de experiência, planejavam atividades, desenvolviam aulas que eram filmadas e discutiam com os formadores sobre os impactos das atividades realizadas.

dificuldade, fizemos um exercício com a participação dos professores para analisar atividades criadas e vivenciadas por eles em suas aulas, buscando entender que aprendizagens poderiam estar ocorrendo por meio dessas atividades.

Discutimos inicialmente que as situações em que o(a) professor(a) rege todo o grupo-classe, realizando uma única atividade, são variadas e podem ter múltiplas finalidades. Nas intervenções dos professores, vimos que muitas vezes os docentes queriam, naquele momento, que todos os alunos desenvolvessem determinados conhecimentos ou capacidades. Uma situação analisada foi a revisão coletiva de textos:

> [...] ao realizar uma atividade de revisão coletiva de um texto, ele(a) pode ter como objetivo didático que os alunos desenvolvam atitudes de revisão; que desenvolvam estratégias apropriadas, como a de voltar continuamente ao já escrito para dar continuidade ao texto, planejando o trecho a seguir; que aprendam sobre características de um determinado gênero textual; que aprendam a pontuar um texto; que aprendam a usar articuladores textuais, deixando os textos mais coesos; dentre outros (LEAL, 2005, p. 92).

Nesse tipo de situação, obviamente, as crianças têm conhecimentos diversos e participam diferentemente da atividade, mas todas elas podem estar pensando sobre as mesmas questões e socializando o que já sabem, de modo a propiciar maior distribuição dos saberes.

No entanto, percebemos que havia situações em que, mesmo em grande grupo, havia clareza de que as crianças estavam construindo conhecimentos diferentes. Foi analisada, com os docentes, uma situação didática envolvendo uma atividade de reflexão fonológica.

> A professora Emilene do Carmo Silva, do Pré II, da Escola Isaac Pereira, em Olinda-PE, mostrou-nos como realizou esse tipo de intervenção com seus 20 alunos de 5 e 6 anos.
> Foi apresentada uma caixa fechada:
> – O que é que tem dentro da caixa? (havia uma boneca)
> Cada aluno tentou adivinhar e depois foi dito para cada um olhar e não dizer, nem mostrar para o coleguinha. Depois, disseram e descreveram a boneca.

A palavra BONECA foi escrita no quadro e foram feitas perguntas:

– Quantos pedacinhos a palavra BONECA tem? Conte com palmas.

Os alunos, então, tiveram que montar a palavra, juntando os pedacinhos que estavam divididos em sílabas (fichinhas com as três sílabas). Depois, foi solicitado que eles formassem novas palavras com os pedaços (BONÉ, BOCA) (LEAL, 2005, p. 93).

Na atividade analisada, vimos que a docente realizou um trabalho de decomposição e composição de palavras. As crianças que ainda não tinham percebido que a escrita tinha relação com a pauta sonora, puderam se dedicar a analisar partes constituintes da palavra. A situação possibilitou a compreensão de que existem unidades menores que as palavras e que é preciso pensar sobre elas para escrever. Outras crianças, que já tinham tais conhecimentos, puderam pensar sobre a ordem das sílabas ao tentarem ajustar o registro gráfico à pauta sonora. Os que já tinham tais saberes, puderam se beneficiar, por meio da consolidação das correspondências grafofônicas. Desse modo, a mesma atividade, ainda que realizada em grande grupo, pode possibilitar aprendizagens diferentes. No entanto, é importante perceber

> [...] a necessidade de que o(a) professor(a) saiba o que as atividades podem favorecer [...], mediando as relações entre os alunos e o objeto de aprendizagem – o sistema alfabético, de maneira que eles em alguns momentos possam estar aprendendo as mesmas coisas e, em outros, possam estar aprendendo coisas diferentes, como exemplificamos acima (LEAL, 2005, p. 96-97).

Tal mediação é essencial também em atividades em pequenos grupos. Nesses casos, pode-se propiciar, de modo mais íntimo, trocas de experiências entre os alunos, levando-os a compartilhar saberes, levantar questões e respostas que os adultos escolarizados nem sempre se propõem. Um exemplo discutido com os professores foi de uma atividade realizada por Cenilda Maria Novaes, que dividiu a turma em cinco grupos de quatro crianças e entregou para cada equipe uma cartela com as letras do nome de uma figura e a figura a ser representada. A tarefa das crianças era colocar as letras em ordem. Na discussão com as docentes percebemos que

> As crianças, em grupos, podem trocar informações e comparar diferentes hipóteses. Se há crianças que já têm repertórios razoáveis de consoantes, e estão começando a utilizar algumas delas, e outras crianças que estão utilizando vogais mais frequentemente, podemos assistir a boas discussões, quando forem decidir onde botar as letras. [...] Propostas assim são boas para as crianças que estão utilizando consistentemente ou algumas vezes uma letra para cada sílaba, pois indicam que não é possível resolver a tarefa apoiando-se nessa hipótese [...] (LEAL, 2005, p. 97).

Outras crianças podem também perceber

> [...] que a ordem das letras é importante para a escrita das palavras e que [...] precisam prestar atenção a pequenas partes da palavra para decidir que letras devem utilizar. Para que elas percebam isso, é necessário que o (a) professor (a) esteja circulando pela sala e fazendo perguntas que evidenciem tal princípio do sistema (LEAL, 2005, p. 97-98).

No bojo dessa discussão, podemos ainda retomar um debate antigo relativo à necessidade de promover também atividades diversificadas, para atender mais diretamente às necessidades específicas de grupos de estudantes. Nesses casos, o professor precisa agrupar os estudantes quanto aos conhecimentos que eles têm em relação a determinado conceito a ser aprendido ou a determinada estratégia e garantir condições para que eles trabalhem autonomamente. Para isso, é preciso criar em sala de aula rotinas de trabalho e formas de condução que mostrem para as crianças que elas são responsáveis por sua própria aprendizagem, para que elas possam passar parte do tempo sem a atenção da professora. Tal atitude é fundamental porque, nesse caso, a docente precisará distribuir sua atenção entre os diferentes grupos de alunos.

Durante os encontros de formação, pudemos perceber, por meio dos relatos das professoras, o quanto as crianças estavam aprendendo sobre o sistema de escrita, socializando saberes, problematizando, desfazendo hipóteses e construindo novas hipóteses. Na seção a seguir, tentaremos evidenciar que também em situações de aprendizagem de produção de textos, muito se tem a ganhar realizando trabalho em grupo.

O trabalho em grupo: produção coletiva em foco

A produção coletiva de texto é mais um tipo de atividade em grupo e pode ser realizada em todos os níveis de escolaridade, promovendo diferentes tipos de aprendizagem, conforme foi evidenciado por Guerra (2009) em sua dissertação de mestrado.

O estudo discute a interação entre estudantes e entre estudantes e professoras em situações de produção coletiva de textos. Participaram da pesquisa duas professoras do 1º ano do 2º ciclo (3ª série) do ensino fundamental e seus respectivos alunos da Rede Municipal de Ensino da cidade do Recife, que desenvolveram uma sequência didática com o gênero discursivo carta de reclamação. Esse estudo buscou analisar a escrita de cartas de reclamação em situações de produção coletiva, procurando entender melhor os benefícios desse tipo de atividade e as dificuldades que os professores podem vivenciar ao tentar conduzir tal tipo de procedimento metodológico.

A sequência foi organizada em nove aulas, e a primeira aula foi considerada a situação inicial, na qual foi realizado um levantamento dos conhecimentos prévios dos estudantes acerca do gênero carta de reclamação, leitura e discussão de cartas de reclamação e foi feita a solicitação da produção individual de uma carta de reclamação. Nas aulas 2, 3 e 4 foram realizadas atividades de leitura e discussão de cartas de reclamação, reflexões sobre as características do gênero, bem como revisão textual da carta produzida na primeira aula. Nas aulas 5, 6, 7 e 8 foram vivenciados novos momentos de leitura e discussão de cartas de reclamação, outras atividades que propiciavam o aprofundamento das características do gênero carta de reclamação e foi iniciado o trabalho com a produção e revisão coletiva dos textos. Na última aula foi feita uma retomada das características desse gênero, através da leitura de várias cartas e a solicitação da produção individual de uma carta de reclamação.

Nesse estudo foram analisadas as aulas 5 e 8 das duas professoras. A escolha por essas duas aulas foi feita com base no critério posição das atividades na sequência: foram as produções coletivas do início e do final da sequência.

Nas situações de produção coletiva, alunos e professoras mobilizaram e construíram diferentes conhecimentos sobre o gênero e desenvolveram estratégias de escrita.

Um dos conhecimentos desenvolvidos diz respeito ao estímulo às atividades de monitoramento durante a produção coletiva da carta de reclamação. As docentes assumiram o papel de mediadoras, estimulando ou orientando os alunos quanto ao uso de atividades de monitoramento do comportamento cognitivo, tais como: alternar, checar e coordenar os procedimentos usados na produção de texto, considerando e reorganizando as falas dos alunos. Durante toda situação de escrita, as professoras reliam trechos já produzidos para discutir sobre o que seria dito adiante ou mudar, fazendo ajustes permanentemente (revisão em processo).

Foram também conduzidas conversas antes do início de cada produção das cartas de reclamação, auxiliando os alunos a construir representações sobre as situações de interação, propiciando condições para a ativação de conhecimentos prévios importantes para o planejamento do texto. No trecho da situação 1 (aula 5, professora 2) a seguir podemos ilustrar tal tipo de contribuição que essa atividade dá ao desenvolvimento de estratégias de construção de representações sobre a situação de escrita:

> (P) Oh, qual foi? Eu percebi que na carta de reclamação de vocês... da classe da gente, tinha sido sobre o quê?
> (A an) Sobre as goteiras...
> (P) A classe tá precisando... tá precisando de quê? O que é que vocês querem que mude?
> (A ro) Pintar.
> (A ga) Área de lazer das crianças.
> (P) Não, isso mais não.
> (A) Do corredor?

(P) Da sala da gente. O que é que precisa ser mudado pra melhorar.

(A Iu) Pintar as paredes.

Botar ventiladores novos.

Como pode ser observado, a docente conversou com as crianças para que elas planejassem o que iria ser dito, com base na construção das representações sobre as finalidades do texto e as condições da sala de aula. Schneuwly (1988) denomina tal tipo de operação como construção de uma base de orientação. O autor mostra evidências que este tipo de operação é intrínseco à atividade de escrita e que quanto mais clareza sobre a situação, mais autonomia na escrita o indivíduo terá. Outro aspecto que podemos destacar durante a produção coletiva das cartas diz respeito às contribuições aos processos de geração de conteúdo e textualização. Com base nas duas situações de aulas vivenciadas pelas professoras, podemos afirmar que ambas contribuíram para o desenvolvimento de estratégias de geração de conteúdos e textualização. Antes de cada trecho a ser escrito, as professoras indagavam o que eles diriam adiante (geração de conteúdo) logo depois, perguntava como "aquilo" seria dito (textualização). Ela discutia com o grupo se aquela seria a melhor forma de dizer o que eles queriam e as diferentes propostas das crianças eram debatidas antes de ser registradas. As docentes fizeram releituras da carta constantemente, propiciando a troca de palavras no texto, caracterizando momentos de decisões sobre o processo de textualização. Para exemplificar, apresentamos o trecho da situação 1 (aula 5, professora 1).

(P) (A professora copia no quadro "fazemos") Vamos ler de novo do começo.

Prefeitura do Recife 26/11/08

Nós falamos da Escola Municipal Cristiano Cordeiro. Nós pedimos que o senhor coloque uma rampa para os deficientes da nossa escola e para os idosos que tem a mesma dificuldade para subir as escadas para ir para nossa biblioteca e a sala de vídeo.

É dever de vocês colocar uma rampa na nossa escola porque os deficientes tem os mesmos direitos de fazer as mesmas atividades escolares que nós alunos fazemos.

> Agradeço pela colaboração.
> 1 ano do 2 ciclo
> (A t) Eh eh eh eh...
> (P) E aí, falta mais alguma coisa?
> (A t) Não.
> (A j) Oh tia, que <u>nós alunos</u>... não... que eles também são alunos, né? Nesse colégio.
> (P) Que eles também são alunos. Pois é isso que eu tava perguntando naquela hora, que nós alunos... o que é que são?
> (A f) <u>Os alunos</u>...

As docentes também estimularam ações de revisão para conferir maior clareza aos textos, caracterizando momentos de reflexão sobre os processos de textualização, como podemos observar no trecho da situação 2 (aula 8, professora 2):

> (P) Gostaríamos, vamos gente.
> (A po) Que você abaixasse um pouquinho o volume.
> (...)
> (P) O que quer dizer 'comunicar para você'?
> (P) Poderíamos dizer comuni...
> (A sh) Comunicá-lo.
> (P) Comunica-...
> (A po)... lo
> (P) Comunicá-lo.
> (P) Gostaríamos de comunicá-lo pra você ficar ciente. (a professora lê)

As contribuições para a apropriação de conhecimentos sobre o gênero foi outro aspecto que pôde ser observado durante a produção coletiva das cartas. Um aspecto a ser destacado diz respeito à preocupação das docentes em fazer com que os alunos pensassem sobre os aspectos sociodiscursivos das situações de interlocução, discutindo sobre as finalidades do texto, os destinatários (quem iria ler os textos, quem era essa pessoa, como ela se sentiria ao ler o texto), os modos de envio dos textos. As professoras também chamaram a atenção dos alunos no que se refere aos aspectos composicionais do gênero carta de reclamação, com questões que remetiam à necessidade de desenvolver a cadeia argumentativa usando estratégias comumente encontradas em textos de circulação social. O trecho da situação 2 (aula 8, professora 1), abaixo, ilustra o trabalho com a apropriação dos aspectos composicionais do gênero carta de reclamação.

> (P) Os primeiros parágrafos das cartas de reclamação começam sempre mostrando o que primeiro?
> (A f) A solução.
> (P) Já começa pela solução, é?
> (A t) Não.
> (A j) O problema, o problema.
> (P) O problema como é que está o que já aconteceu, o que já foi feito.

Durante a produção coletiva do texto, foi observado que, a partir da mediação, as docentes realizaram intervenções e auxiliaram na construção e reelaboração dos conhecimentos dos alunos, propiciando a tomada de consciência acerca das estratégias usadas pelas pessoas mais experientes quando produzem textos, havendo, assim, o desenvolvimento de habilidades importantes.

Em suma, na pesquisa foram identificados diferentes tipos de conhecimentos e habilidades que foram mobilizados e socializados pelos grupos que participavam ativamente das atividades de escrita do texto. Vivenciaram situações favoráveis à aprendizagem relativa a construir representações sobre a situação de escrita; a planejar um texto; a monitorar a atividade, por meio de releituras e antecipações; a gerar conteúdos e textualizá-los; a revisar o que está escrito; além de terem discutido sobre diferentes dimensões do gênero, como aspectos relativos às finalidades, destinatários, suportes, modos de circulação, e aspectos relativos à forma composicional das cartas de reclamação.

Assim, com base nas análises das atividades de apropriação do sistema alfabético de escrita e das atividades de produção coletiva de textos, concluímos que os trabalhos em grupo favorecem momentos ricos de partilha e construção de saberes. Resta perguntar qual é a opinião das crianças sobre esse tipo de organização do trabalho em sala de aula. Trataremos dessa questão a seguir.

As avaliações das crianças sobre as atividades em grupo

Como vimos discutindo, o trabalho em grupo vem sendo desenvolvido em diferentes práticas, para atender a diferentes objetivos didáticos. Os professores promovem situações em que os estudantes precisam trabalhar em colaboração e, assim, socializar saberes e construir conhecimentos coletivamente. Perguntávamos, no entanto, se as crianças percebiam os benefícios desse modo de condução das atividades e se elas gostavam de vivenciar tais situações. Para tentar responder tal questão, Lima e Leal (2009) desenvolveram uma pesquisa com crianças de uma turma do ano 5 de uma escola municipal de Jaboatão dos Guararapes. A coleta de dados da pesquisa foi realizada em duas grandes fases: na fase inicial, foi planejada uma sequência didática, juntamente com uma professora do ano 5 do ensino fundamental, envolvendo o gênero reportagem. Na segunda fase, a docente desenvolveu a sequência planejada em aulas que eram gravadas e filmadas. Ao final de cada aula, várias crianças eram entrevistadas para dizer o que tinham achado da aula, o que tinham gostado ou não e explicar por que tinham gostado ou não da aula.

A sequência teve duração de 13 aulas entre os meses de fevereiro e maio. A turma era composta de 34 alunos entre 9 e 12 anos, e 31 foram entrevistados durante a sequência. A professora tinha 41 anos de idade e 14 anos de experiência docente. Possuía licenciatura plena em Ciências, habilitação em Biologia e era especialista em Educação de Jovens e Adultos.

Nas entrevistas, as crianças avaliaram as aulas, e os argumentos delas para dizer se as aulas tinham sido boas ou não foram classificados em sete categorias. Cada categoria agrupava as respostas que indicavam algum critério de avaliação: organização sequencial da aula/da sequência didática, estratégias de ensino/tipos de atividades, materiais utilizados nas atividades, temática dos textos utilizados, formas de interação, participação dos alunos e aprendizagens realizadas. Desses sete, focaremos, nesse momento, a categoria "formas de interação durante as atividades". Nessa categoria foram classificadas todas as respostas em que as crianças diziam que a aula tinha sido boa, ou não, porque o modo de distribuição dos alunos ou as interações entre eles tinham favorecido, ou não, o desenvolvimento da aula.

Foram realizadas 56 entrevistas com 31 alunos da turma. Dessas entrevistas, os alunos utilizaram 44 vezes o critério de avaliação das aulas. As atividades em grupos ou em dupla, em sua maioria, foram bem avaliadas. Os alunos perceberam que essas formas de organização permitem uma maior troca de aprendizagem para realização das atividades.

A aluna Márcia[2] (10 anos) mencionou este aspecto: "Em dupla, o que ela sabe e eu sei... aí a gente pode juntar os pensamentos e fazer uma coisa só". Na fala dessa aluna podemos perceber que a atividade em pares possibilita a colaboração entre os alunos. Ela destaca que as pessoas têm conhecimentos diferentes e que podem socializar para resolver os problemas postos pela professora.

Outra aluna confirma essa forma de avaliar as atividades em duplas: "Individual... gostei, mas não é a mesma coisa de fazer em dupla. Porque em dupla são duas pessoas pensando. A gente pode falar com o outro o que a gente aprendeu" (Fernanda, 9 anos).

Podemos perceber que os alunos valorizam os momentos de discussão porque possibilitam a socialização dos saberes. Mas outros argumentos também foram usados para avaliar positivamente as atividades em grupo. Algumas crianças falavam que havia possibilidade de ajuda mútua, ressaltando as atitudes de solidariedade que são promovidas nestas situações: "Porque trabalhar em grupo mesmo é muito legal, a gente quando trabalha em grupo um ajuda o outro. Tem várias pessoas fazendo o trabalho de uma só, só que sempre melhor" (Pedro, 10 anos).

A possibilidade de confrontar saberes foi também objeto de reflexão das crianças. Fernanda faz menção ao compartilhamento de ideias no trabalho em dupla: "Boa, porque ela fala o que ela entendeu e eu falo também" (9 anos).

---

[2] O nome da criança é fictício.

Além dos benefícios que o trabalho em dupla ou em grupo permite com trocas de aprendizagem através de discussões, uma aluna menciona que essa forma de organização também permite a realização das atividades num tempo menor, devido ao compartilhamento de opiniões dos integrantes. "Porque, além do tempo ser mínimo, são três cabeças pensando e é melhor porque cada um dá sua opinião e a gente discute. Agora já eu mesma sozinha fazendo lá, eu tô com uma opinião na cabeça, mas eu queria dividir aquela opinião com alguém" (Fernanda, 9 anos). Essa aluna ressalta também a necessidade de socializar suas ideias com os colegas, ou seja, que esses momentos permitem incentivos à participação das atividades.

Júlia (10 anos) corrobora o pensamento de Fernanda quando menciona: "Gostei mais em grupo porque em grupo tem muitas pessoas, aí ajuda mais e faz mais coisa" (9 anos). Essa aluna ressalta que em grupos eles conseguem ter uma produção melhor, ou seja, o produto do trabalho é considerado de maior qualidade pelas crianças. Eles sentem mais segurança no que produzem em conjunto com seus pares.

Apesar de ressaltarem muito os aspectos positivos, as crianças falaram das dificuldades, evidenciando que percebem que é necessário haver uma boa mediação docente para que o trabalho seja, de fato, produtivo.

A questão da sobrecarga de tarefas por um dos integrantes foi mencionada por Mário (9 anos), ao avaliar a atividade realizada em um dos dias: "Em grupo eu não gostei muito. Porque sempre eu faço mais e meu colega não ajuda muito a fazer".

Eles também avaliaram as conversas que existem durante as atividades: "Não gostei. Porque eu não quis ficar naquele grupo. É que eles ficavam conversando, aí não deu pra escutar direito" (Maria, 9 anos).

Paulo (12 anos) também declarou sua opinião sobre as formas como alguns componentes do grupo ou a dupla se comportam durante as atividades: "Prefiro individual. Porque é melhor, você pensa melhor, pensa sozinho. Com a outra pessoa, ela não deixa a pessoa dar opiniões". Esse aluno questiona a falta de interação com sua dupla, em que sua opinião não foi valorizada na realização da atividade.

Os alunos avaliaram alguns colegas por não se dedicarem, ocasionando um trabalho sem a participação de todos. Leonardo (12 anos) diz: "Não gostei muito da parte que eu fiquei em dupla com Davi. Porque ele não faz as coisas direito". Outra aluna, Thais (10 anos), também avaliou esse aspecto: "Não gostei a parte do grupo. Porque os meninos não ajudaram".

Um aspecto importante para o trabalho em pares é o respeito ao tempo que cada integrante leva para o desenvolvimento das tarefas. Mário (9 anos) alega que realizando a atividade de forma individual, "a gente pensa mais e ainda fica com calma aí fica se lembrando das coisas e escreve".

Esse conjunto de respostas que apresentamos evidencia que, para os estudantes, a realização do trabalho em grupo precisa ser monitorado pelos professores. Alguns alunos, por exemplo, mencionaram que discutiram bastante antes de começar a trabalhar e que isso trouxe resultados positivos: "A gente ficou uns 10 minutos discutindo. Foi bom, pra aprender a trabalhar em dupla" (Diego, 10 anos). Como podemos ver, esse aluno avaliou o momento de discussão como importante para melhor organizar o trabalho. José (11 anos) apontou a divisão das tarefas: "Não discuti muito não, só fiz falar que ele escrevia e eu lia pra ele escrever". Essa divisão de tarefas tinha sido combinada entre eles. Outra aluna afirma que com a divisão das tarefas, eles têm mais tempo para realizar a atividade com a colaboração de todos: "Porque cada uma fazia uma coisa. Por exemplo, ela me falava, e eu escrevia. Aí dava mais tempo da gente colaborar" (Maria, 9 anos).

A mediação docente não se restringe, assim, a planejar boas atividades. As crianças apontam que é necessário discutir e garantir condutas e modos de agir durante as aulas. Esse papel do docente revela a complexidade da ação pedagógica, que demanda diferentes saberes e capacidades desse profissional.

Podemos perceber que os alunos compreendiam a importância e valorizavam as formas de organização em grupos/duplas. Eles avaliaram de forma positiva as formas de trabalho por permitir a ajuda mútua, o debate, a valorização das opiniões, os argumentos, colocando também suas ressalvas e cuidados necessários a serem tomados pelos docentes nesses momentos.

Conclusões

Para concluir esta breve conversa, consideramos importante ressaltar três princípios fundamentais subjacentes às perspectivas sociointeracionistas do ensino:
1. Valorização da socialização de saberes;
2. Valorização do papel da explicitação de saberes na construção do conhecimento;
3. Valorização da problematização como mola propulsora do desenvolvimento das habilidades de raciocínio e apropriação de conhecimentos complexos.

Consideramos que as atividades em grupo podem promover momentos ricos de socialização de saberes, o que, sem dúvida, ajuda bastante as crianças. Ao explicitar um saber, as crianças não apenas reconstroem seus próprios conhecimentos, como auxiliam seus colegas a se apropriar do que elas sabem. Quando o professor problematiza um conhecimento, com questões pertinentes, ele desafia as crianças a elaborar hipóteses e mobilizar saberes necessários à participação nas atividades propostas. Desse modo, a aprendizagem é significativa.

Por fim, ressaltamos, como foi evidenciado no estudo de Lima e Leal (2009), que as crianças apreciam essa forma de trabalhar na escola. No entanto, elas alertam que é necessário mediar adequadamente as atividades para garantir interações mais produtivas.

Referências

BERNARDIN, J. *As crianças e a cultura escrita*. Tradução de Patrícia C. R. Reuillard. Porto Alegre: Artmed, 2003.

BORTOLOTTO, N. *A interlocução na sala de aula*. São Paulo: Martins Fontes, 2001.

DAVIS, C., SILVA, M. A.; ESPÓSITO, Y. *Papel e valor das interações sociais na sala de aula*. Cadernos de Pesquisa, 71, 1989, p. 49-54.

GUERRA, S. E M. S. *Produção coletiva de carta de reclamação: interação professoras/alunos*. Dissertação (Mestrado em Educação) – Pós-Graduação em Educação da Universidade Federal de Pernambuco, Recife, 2009.

LEAL, T. F. Fazendo acontecer: o ensino da escrita alfabética na escola In: *Alfabetização: apropriação do sistema de escrita alfabética*. 1. ed. Belo Horizonte: Autêntica, 2005, v. 1, p. 89-110.

LEONTIEV, A. *Le développement du psychisme*. Paris: Éditions Sociales, 1984.

LIMA, J. M.; LEAL, T. F. O olhar de crianças sobre uma sequência didática. In: 19º ENCONTRO DE PESQUISA EDUCACIONAL DO NORTE E NORDESTE, 2009, João Pessoa. *Anais...* João Pessoa: Ed. UFPB, 2009. v. 1. p. 1-14.

MORO, M. L. F. Crianças com crianças, aprendendo: interação social e construção cognitiva. *Cadernos de Pesquisa*, 79, 1991. p. 31-43.

PERRET-CLERMONT, A. N. *A construção da inteligência pela interação social*. Lisboa: Sociocultural, Divulgação Cultural, 1979.

SCHNEUWLY, B. Les operations langagieres. In: SCHNEUWLY, B. *Le language ecrit chez l'enfant*. Paris: Delachaux & Niestle, 1988.

Capítulo 6

Tempo de brincar com textos rimados e com jogos de análise fonológica: o trabalho com a língua escrita na educação infantil

Socorro Barros de Aquino
Valéria Suely S. Barza Bezerra
Fernanda Guarany Mendonça Leite

Este capítulo se propõe a analisar o trabalho com o ensino da língua escrita que envolva crianças da segunda etapa da educação infantil (EI), apontando que na organização do trabalho pedagógico é possível encontrar modos diferentes de refletir sobre esse objeto, a partir da utilização de textos rimados (parlendas, poesias) e do uso de jogos (jogos de análise fonológica).

Alguns estudos como os de Bryant e Bradley (1987), Freitas (2004), Aquino (2007), Morais (2004), Morais e Silva (2010), consideram importante que as crianças, já nessa etapa da educação infantil, tenham oportunidade de vivenciar situações de aprendizagem da leitura e escrita a partir de situações reais de leitura e produção de diferentes textos. Ou seja, aprender a ler e a escrever sem perder de vista as práticas sociais de leitura e escrita. Em outras palavras, defende-se que os eixos de alfabetização e letramento estejam presentes no currículo já nesta etapa da educação básica.

Para tanto, é preciso desenvolver um trabalho sistemático de reflexão fonológica, o qual consiste na exploração oral de sons das palavras (aliteração, rimas e fonemas) de modo a possibilitar que os alunos avancem no processo de apropriação da escrita alfabética.

Ao chamar a atenção das crianças para os sons iniciais ou finais das palavras e, nesse particular, para as rimas, por exemplo, o professor enquanto mediador fornece pistas às crianças sobre o funcionamento do sistema de escrita alfabética. Portanto, o trabalho com rimas e aliterações requer conhecimentos e organização por parte do professor para incluir atividades e suportes didáticos diversificados em sua prática. Nesse sentido, a organização do trabalho pedagógico parece indispensável para que ele possa inserir essas alternativas didáticas e diferentes atividades que explorem a reflexão fonológica.

Morais e Silva (2010), através do relato de diferentes práticas de professoras da educação infantil, reforçam a ideia de que uma prática sistemática de reflexão sobre as partes sonoras das palavras pode acontecer de forma prazerosa e lúdica, sem necessariamente expor as crianças a atividades enfadonhas e sem sentido.

Por outro lado, sabemos que o "brincar com as palavras" sempre fez parte da nossa cultura. Quem nunca participou de brincadeiras com nomes próprios envolvendo rimas com os nomes dos colegas, tal como ocorre, no poema de Cecília Meireles, que brinca com os nomes das meninas: "Arabela, é a mais bela"; "Maria, sorria!!"... Notamos que a escola vem incorporando tais recursos ao contexto escolar como alternativas interessantes, diferentes e divertidas de aprender a ler e a escrever.

Nesse sentido, os jogos de análise fonológica permitem a identificação de rimas que levam a criança a focar sua atenção sobre os sons das palavras, do mesmo modo que o trabalho com textos rimados ajuda as crianças a perceber que as palavras que possuem sons semelhantes podem ser escritas de forma semelhante.

Portanto, consideramos importantes no processo de apropriação da leitura e da escrita os jogos que favorecem reflexões sobre os sons das palavras, bem como o trabalho de reflexão fonológica através de textos rimados, iniciados com crianças da educação infantil.

Partimos da ideia de que alfabetização é um processo de construção conceitual que não depende apenas de habilidades perceptuais e motoras, que se restringem a "cobrir pontinhos" ou a memorizar sílabas. Com isso, acreditamos ser possível e necessário que a criança na educação infantil possa desenvolver habilidades de uso da língua escrita nas práticas sociais das quais participa, começando a refletir e aprender sobre alguns princípios do sistema de escrita alfabética (SEA).

Ressaltamos a nossa posição de que na educação infantil a criança não tem obrigação de estar alfabetizada, mas que o brincar com a língua constitui uma prática cultural que realizamos fora da escola e atravessa gerações. Assim, entendemos que cantigas de roda, parlendas, trava-língua e jogo de forca são formas culturais de "jogar" com as palavras e que o jogo constitui elemento importante para possibilitar reflexões sobre a língua escrita.

Assim, a organização do trabalho pedagógico parece indispensável para que o professor possa inserir alternativas didáticas e atividades que explorem o brincar com as palavras.

A dimensão da análise fonológica na organização da atividade docente com crianças da educação infantil

Acreditamos que o "saber-fazer" compreende um conjunto de competências e de habilidades que professores mobilizam na organização do trabalho docente no cotidiano das salas de aula nas escolas.

Para Tardif (2002), a relação dos docentes com os saberes não se reduz apenas a uma função de transmissão dos conhecimentos. Sua prática integra diferentes saberes, ou seja, o saber profissional é também o saber construído pelo professor na ação. O autor afirma ainda que a prática profissional não é instância de aplicação do saber científico, mas de transformação.

Do ponto de vista epistemológico, tanto Tardif (2002) quanto Zeichner (1993) e Schön (1995) confluem em vários pontos e podem servir de referência na atuação docente, como uma via para que o professor construa novos conhecimentos, ora de forma consciente de suas ações, ora de forma puramente intuitiva.

Em linhas gerais, esses autores apontam uma corrente didática que propõe uma atitude docente criteriosa e provocadora, voltada para um pensamento reflexivo e motivador que fundamenta os distintos momentos de uma ação didática. Assim, pensar, refletir antes, durante e após a atuação em sala de aula pode favorecer a organização de sequências de atividades que mobilizam novos conhecimentos.

Essa postura didática contribui para promover a interação em sala de aula e exercer um papel de construção e estabelecimento de consensos sobre os conteúdos e objetivos que se perseguem, isto é, uma didática com foco no aprendizado através de processos cognitivos individuais e coletivos.

Com isso, compreende-se que a formação do professor possibilita não apenas uma ação de transferência de conhecimento descontextualizado, mas principalmente uma reinterpretação de um fazer pedagógico próprio de cada um dos sujeitos.

Buscando identificar os diferentes "fazeres pedagógicos" de professores da EI, o estudo realizado por Aquino (2007) procurou analisar o efeito do trabalho de exploração de atividades de consciência fonológica (rimas e aliteração) no processo de apropriação do sistema de escrita alfabética por crianças do Grupo V da educação infantil da rede municipal do Recife, observando a prática de duas professoras.

A partir da observação de aulas das professoras[1] da educação infantil, Aquino (2007) conseguiu identificar mudanças didáticas no ensino de Língua Portuguesa, que acreditamos ser fruto da formação inicial e continuada, bem como de uma rotina bastante estruturada. Estamos considerando a rotina como uma categoria pedagógica na qual os responsáveis pela educação infantil estruturam um trabalho sistematizado, bem como uma cadência sequenciada de atividades diferenciadas, que se desenvolvem num ritmo próprio, em cada grupo.

O que defendemos como rotina sistematizada diz respeito à organização das atividades nas quais se explicita a intencionalidade pedagógica para que as crianças participem da função social educativa para a ampliação do conhecimento.

Essa rotina foi observada no estudo de Aquino (2007), em que a professora desenvolveu uma sequência de atividades bem definidas,

---

[1] No estudo de Aquino (2007) foram analisadas práticas de duas professoras da educação infantil. Porém, neste capitulo será explicitada apenas a prática da professora que realiza o trabalho de reflexão fonológica com textos rimados.

numa turma de crianças na faixa de 5 anos. Todos os dias a professora observada realizava, no início da manhã, uma sequência de atividades de rotina, por exemplo, a contagem dos alunos, a retomada do calendário com explicitação do dia, mês e ano de cada aula. A realização da chamada era seguida da escolha do ajudante de aula e, por fim, a professora fazia a leitura da agenda do dia com as atividades que seriam desenvolvidas. O interessante é que ela aproveitava essas atividades para trabalhar a leitura de palavras nelas envolvidas, buscando refletir sobre os sons das palavras e confrontando com a palavra escrita.

No registro da frequência dos alunos presentes a cada dia, por exemplo, ela solicitava a ajuda das crianças na contagem do número de meninos e meninas na sala, registrando a quantidade no quadro. A professora criava outra diversificação da mesma atividade, solicitando às crianças a representação dessa quantidade de crianças através de desenho. Abaixo dos desenhos, ela escrevia as palavras (MENINA e MENINO). Dessa forma, ela contribuía para a formação de "palavras estáveis" sempre fazendo referência a elas.

Outra prática utilizada pela professora era fazer a chamada usando crachás com os nomes das crianças, escritos em letra de fôrma. Desse modo, solicitava que os alunos presentes pegassem seus respectivos crachás, em seguida, liam os nomes dos que sobravam, que correspondiam aos alunos ausentes.

Em alguns momentos, a professora confrontava a escrita com a parte sonora das palavras, identificando os alunos não presentes em sala. O extrato da observação abaixo ilustra um pouco o modo de intervenção da professora na atividade com os nomes. Vejamos:

Professora: De quem é esse nome?

Crianças: GABRIEL.

Ela pediu que prestassem atenção e perguntou se GABRIEL terminava daquela forma.

Uma das crianças identifica seu nome e responde:

Criança: É GABRIELA, pois termina com A.

É importante destacar, nesta atividade, a intervenção da professora. Nota-se que, de modo geral, as crianças percebiam apenas as letras iniciais do nome do colega. O questionamento da professora, seguido da resposta de Gabriela, contribuiu para que as crianças observassem a escrita da palavra como um todo e refletissem sobre outras partes do nome, como o som final.

Nessa situação, o trabalho de exploração com o nome dos alunos, realizado pela professora está referendado em Teberosky (2001, p. 34), em que o nome próprio informa a criança sobre as letras, sua quantidade, variedade, posição e ordem, servindo de referência para confrontar as ideias dos aprendizes com a realidade convencional da escrita, podendo servir de base de apoio para a aprendizagem da leitura e da escrita tanto do ponto de vista linguístico quanto gráfico.

O trabalho com o nome das crianças realizado pela professora tomava diferentes formatos: a presença dos crachás distribuídos pela sala como apoio da representação da palavra escrita ou a leitura das listas com os nomes para identificação, da escolha do ajudante do dia e da colocação dos nomes em ordem alfabética. Enfim, a leitura do nome das crianças consistia em atividade permanente nessa rotina.

A organização da rotina dessa docente envolvia também a apresentação do roteiro da aula, ou seja, a escrita da agenda do dia no quadro. Nesse momento, ela informava à turma o texto que seria lido naquele dia e quais atividades iriam fazer, relacionadas ao texto lido ou não. Os gêneros textuais normalmente escolhidos pela professora para a leitura em sala eram as parlendas e as poesias. Assim, o trabalho desenvolvido com rimas através desses textos constituía atividades de reflexão fonológica. A seguir explicitaremos o trabalho de reflexão sobre a língua, a partir da consciência fonológica.

Consciência fonológica: reflexões sobre a língua

A compreensão da natureza do sistema de escrita alfabética (SEA), assim como suas funções, implica a apropriação de uma complexidade de princípios que envolvem aspectos específicos desse sistema, entre eles, a consciência fonológica. Denomina-se consciência fonológica a habilidade metalinguística de tomada de consciência das características formais da linguagem. Essa habilidade compreende dois níveis: o primeiro relaciona-se à consciência de que a língua falada pode ser segmentada em unidades distintas, ou seja, a frase pode ser segmentada em palavras, em sílabas e as sílabas, em fonemas; a segunda, a consciência de que essas mesmas unidades se repetem em diferentes palavras faladas (BYRNE, 1995).

Atualmente, a consciência fonológica (CF) tem sido descrita como uma "constelação de habilidades", englobando desde a percepção de unidades fonológicas mais globais (como a sílaba, por exemplo), até a consciência dos segmentos fonêmicos (CARDOSO-MARTINS, 1995). Como afirma Morais (2006), a CF se constitui, portanto, em um dos tipos de reflexão metalinguística, aquela que "opera sobre segmentos sonoros (sílabas, rimas, fonemas) que estão no interior das palavras" (p. 60).

Reconhecemos, tal como Barrera (2003), Guimarães (2003) e Morais (2004), uma influência recíproca entre a CF e a alfabetização, assumindo, portanto, uma perspectiva interativa entre esses dois polos ao compreender que a CF auxilia o processo de apropriação do sistema de escrita alfabética (SEA) assim como o próprio contato com a escrita contribui para o desenvolvimento de níveis de CF mais complexos, especialmente os relativos à análise fonêmica.

Nesse contexto, a organização de uma prática pedagógica que insira jogos que favoreçam a reflexão sobre sons das palavras, bem como que apresente às crianças um trabalho com parlendas, trava-línguas, poesias, músicas, parece contemplar atividades que estimulam a consciência fonológica no processo de apropriação do SEA.

Como já foi dito anteriormente, tais recursos didáticos levam a criança a pensar sobre um desses princípios: no nosso sistema de escrita, os sinais gráficos (letras) têm relação com a pauta sonora e não com os significados ou propriedades físicas dos objetos.

A respeito do trabalho com os diferentes recursos didáticos descritos acima, autores como Freitas (2004), Rego e Dubeux (1994), Carraher e Rego (1988) ressaltam a realização de atividades que estimulem a consciência fonológica das crianças desde a educação infantil, oportunizando a manipulação e a reflexão sobre os sons das palavras, como auxílio na aquisição da língua escrita.

O estudo de Aquino (2007) evidencia diferenças marcantes entre as práticas pedagógicas. Nesse mesmo estudo, nas diferentes práticas observadas constata-se que naquelas em que a professora desenvolvia uma leitura sistemática de gêneros do universo infantil (parlendas, cantigas e poemas) e, ao mesmo tempo, explorava algumas características desses textos com rimas e aliteração, as crianças apresentaram desenvolvimento de leitura e escrita superior, em relação à outra turma, em que a professora desenvolvia uma prática mais convencional, envolvendo o traçado e o nome das letras, resultando em rendimento inferior no que tange a correspondências entre pauta sonora e a escrita das palavras.

O estudo revelou ainda que uma prática sistematizada com atividades de análise fonológica possibilita às crianças avançar nas suas concepções sobre a escrita em comparação a outras práticas que não aproveitam o uso de diferentes gêneros textuais nem favorecem as reflexões sobre os segmentos sonoros das palavras.

Essa constatação reafirma a importância da necessidade de uma organização do trabalho pedagógico que considere, desde a educação infantil, situações de ensino que possibilitem às crianças o exercício da análise das propriedades das palavras tais como: semelhanças sonoras, tamanho, estabilidade, etc.

Nessa direção, o Referencial Curricular Nacional para a Educação Infantil (Brasil, 1998) enfatiza que a aprendizagem da língua oral e escrita é importante para as crianças ampliarem suas possibilidades de inserção e de participação nas diversas práticas sociais. Defendemos essa postura pedagógica e consideremos que, desde cedo, a criança deve ter oportunidade de vivenciar situações de aprendizagem da leitura e escrita, sendo imprescindível que a escola possibilite, por um lado, situações reais de leitura e produção de diferentes textos e, por outro, desenvolva um trabalho sistemático de reflexão fonológica, de modo que as crianças avancem no processo de apropriação da escrita alfabética. A seguir explanaremos brevemente a relação entre os jogos e a aprendizagem da língua.

O jogo e a aprendizagem da língua

A necessidade de mudança nas práticas pedagógicas que envolvem a leitura e a escrita é apontada pela literatura científica por diversos estudos (a exemplo de BRANDÃO; GUIMARÃES, 1997; REGO, 1988; TERZI, 2006) enfatizando-se a necessidade de tornar a aprendizagem das crianças mais significativa e prazerosa. Essa preocupação é antiga, remetendo-nos à pós-Idade Média através de Quintiliano, Erasmo, Rabelais e Basedow (*apud* BROUGÈRE, 1998) que passam a inserir a temática dos jogos em seus escritos. Nesse contexto, Quintiliano alia o jogo ao aprendizado das letras recomendando a preparação de doces em formato de letrinhas, buscando transformar a aprendizagem em divertimento.

Novos pesquisadores na área recomendam o uso de jogos didáticos[2] (BORBA, 2006) no contexto escolar. Kamii (1995) indica o uso de jogos de bola de gude, boliche, corrida e baralhos para as crianças pequenas como oportunidades excelentes para contar, comparar quantidades, realizar cálculos, possibilitando aos aprendizes pensar sobre os números de forma prazerosa e com sentido. O uso de jogos também tem sido indicado como importante aliado para o desenvolvimento da linguagem e da interação social (KISHIMOTO, 1994).

Os jogos e as brincadeiras na área de ensino da leitura e escrita em sala de aula têm sido recomendados para a aprendizagem dos princípios que regem o SEA, de uma forma mais significativa e lúdica, a fim de dinamizar os momentos de reflexão sobre a língua escrita, sem a necessidade de memorizações de associações grafofônicas (LEAL; ALBUQUERQUE; LEITE, 2005; LEAL; SILVA, 2010).

Bezerra (2008) analisou em sua pesquisa o desempenho de duplas de crianças em situações de jogos de análise fonológica. Os jogos de análise fonológica utilizados no estudo mobilizavam diferentes níveis da CF, ou seja, desde a comparação do tamanho das palavras (batalha de palavras), os sons iniciais (bingo de sons

---

[2] O jogo didático pressupõe a mobilização de conhecimentos específicos sob o direcionamento de um adulto. Constitui diferentes modos de ensinar e aprender, ao incorporar a ludicidade (BORBA, 2006, p. 43).

iniciais), a rima (bingo de rimas) até o nível da consciência fonêmica (construindo a torre).

O estudo revelou o jogo como importante elemento didático para que as crianças reflitam de forma mais dinâmica sobre as partes que compõem as palavras: sílaba, letra e fonema, distante da proposta de um "treinamento em consciência fonológica", além de funcionar como propulsor da zona de desenvolvimento proximal (ZDP), tal como propôs Vygotsky (1998).

Vale destacar que, embora concordemos que os jogos didáticos possam funcionar como estratégias de ensino importantes, eles não constituem os únicos recursos nem são suficientes para o trabalho que o professor precisa realizar para que as crianças compreendam o SEA. Sobre isso tomamos emprestadas as palavras de Kishimoto (2006, p. 37) quando afirma que:

> A utilização do jogo potencializa a exploração e a construção do conhecimento, por contar com a motivação interna, típica do lúdico, mas o trabalho pedagógico requer a oferta de estímulos externos e a influência de parceiros, bem como a sistematização de conceitos em outras situações que não jogos.

Na prática, sabemos que não é possível apenas jogar o tempo inteiro com as crianças. Assim, a autora vem reforçar a necessidade de favorecer outras situações sistemáticas às crianças, a partir da organização de uma rotina na qual a professora possa propor diferentes atividades de reflexão sobre a língua, como expor as crianças ao contato com diferentes gêneros textuais de circulação social, que não apenas os jogos, além de outras atividades.

Para melhor compreender como as crianças refletem sobre a língua escrita a partir do trabalho com a CF, apresentaremos fragmentos dos estudos de Aquino (2007), juntamente com trechos de uma das duplas de crianças das situações de jogos de análise fonológica no estudo de Bezerra (2008).

Crianças brincando com as palavras

É importante novamente salientar que, para compreender e se apropriar ativamente do SEA, a criança precisa pensar a língua como um objeto a ser descoberto. Isto é, consideramos que a aprendizagem do SEA é algo complexo e que suas especificidades serão desvendadas na interação com o próprio objeto de conhecimento (palavras, textos), assim como na interação entre parceiros mais experientes (adultos ou não).

A professora observada por Aquino (2007) acreditava ser possível inserir a criança desde cedo no processo de aquisição da escrita, ao mesmo tempo que percebia a necessidade de inseri-la em práticas de leitura e produção de textos. Para isso, buscava trilhar um caminho diferente dos vivenciados nos métodos tradicionais e organizava sua rotina buscando contemplar a cada semana sequências de atividades envolvendo a leitura de textos da tradição popular que faziam parte do universo infantil e, por isso, eram significativos para seu grupo de crianças, como as parlendas, as cantigas e os poemas. Com base nesses textos, ela desenvolvia atividades de reflexão sobre o sistema notacional de escrita a partir da exploração de algumas características desses textos, como a rima e a repetição de palavras.

Nessa perspectiva, eles "brincavam" com o texto e, ao mesmo tempo, refletiam de forma lúdica sobre algumas palavras presentes neles. As situações se desenvolveram de formas diferentes, dependendo da organização da rotina e do trabalho proposto.

Num primeiro momento, destacamos a sequência observada por Aquino (2007) em que a professora utilizou o poema *Meninas* de Cecília Meirelles. Primeiro, ela afixou o texto no quadro e perguntou aos alunos se eles identificavam o título, dando algumas pistas. Depois, ela utilizou um novo gênero textual, a parlenda *Corre cutia*. Nesse caso, primeiro ela fez a brincadeira com os alunos, para depois afixar o texto e realizar a leitura. O quadro a seguir apresenta os extratos:

Atividade envolvendo o poema "Meninas"
Leônia – Presta atenção! Tem uma palavra aqui que vocês já conhecem o nome. Todo dia a gente coloca no quadro quando vai contar quantas pessoas tem na sala. Que palavra é essa aqui? Crianças – Meninos. Leônia – Meninos ou meninas? Crianças – Meninas. Leônia – Vamos ver: termina com o ou termina com a? Crianças – AAAAAAAAA. Leônia – Quando termina com a é meninos ou meninas? Crianças – Meninas. Leônia – Como é? Crianças – Meninas. Leônia – Olha aqui, está igual a essa? Sim ou não? Crianças – Está. Leônia – Tem todas as letras? Vamos contar para ver se tem o mesmo número de letras? Crianças – 1, 2, 3, 4, 5, 6, 7.

Atividade envolvendo a parlenda "Corre cutia"
Leônia – Presta atenção! a gente vai fazer uma brincadeira, vamos todos para a roda (afasta as cadeiras e mesa para ajudar as crianças a sentar). Crianças – Tia, tu não vai sentar não? Leônia – Gente, nós vamos fazer uma brincadeira, depois vamos ler um texto e fazer uma atividade. Leônia – Primeiro vou explicar pra vocês a brincadeira. Todo mundo precisa ficar de cabeça baixa e de olhos fechados, fechados de verdade.

Antes de fechar os olhos, prestem atenção, atenção, gente!! Senão, não vão entender.

(Com um lencinho na mão, Leônia começa a correr ao redor das crianças e a cantar) "corre cutia na casa da tia, corre cipó na casa da avó, lencinho na mão, caiu no chão, moça bonita do meu coração, 1, 2 e 3", (Leônia deixa o lencinho atrás de uma criança, diz que vai sentar e que todos devem colocar a mão atrás do corpo para procurar o lencinho, ainda de olhos fechados. A criança atrás da qual o lencinho ficar tem que imediatamente se levantar e começar a correr cantando a parlenda)

Crianças – "Corre cutia na casa da tia..." (os alunos repetem a brincadeira várias vezes, pois todos querem fazer o que foi feito pela professora)

Crianças – Agora eu! Eu!

Leônia – Gente, presta atenção! Depois a gente brinca mais.

Leônia – Olhem para o texto, hoje eu trouxe uma parlenda para vocês, essa que a gente brincou há pouco.

(A professora cola o cartaz com a parlenda no quadro.)

Conforme pode ser percebido, no segundo momento, a professora e as crianças brincam com as palavras e, ao mesmo tempo, refletem sobre as rimas. A partir de textos memorizados a professora promove um trabalho de reflexão com a escrita: ao entregar o poema *Meninas* e a parlenda *Corre cutia,* a professora enumera cada frase para auxiliar a criança na visualização da escrita e, assim, refletir acerca da palavra já memorizada. Tudo isso sem perder a dimensão lúdica e sem a cobrança da representação escrita.

Outra forma de trabalho de reflexão fonológica é a utilização de jogos de análise fonológica. O fragmento descrito a seguir constitui uma situação de jogo analisada por Bezerra (2008), na qual as crianças apenas refletem oralmente sobre as palavras. Isto é, comparam o tamanho das palavras (no jogo batalha de palavras). As situações de jogo são interessantes, pois permitem às crianças momentos de comparação do tamanho das palavras, confrontando com as características físicas dos objetos. Vejamos:

> O jogo de batalha de palavras funciona semelhante ao jogo de batalha do baralho comum. Quem coloca uma carta com o maior número leva o montinho descartado. Assim, no batalha de palavras, ganha o jogador que colocar a palavra com maior número de silabas. Vejamos:
>
> Ex. 1) O par de palavras a ser comparado era: VENTILADOR/ JACARÉ
>
> Antes de contar as silabas da palavra, Lucas fica animado, quando vê a figura:
>
> L – Jacaré... Meu...! É Jacaré! (Admirando a figura)
>
> R – Ven-ti-la-dor! (Mostrando quatro dedos).
>
> L – Já-ca-ré! (Lucas conta novamente e mostra três dedos na mão, Rayane interfere, corrigindo o parceiro)
>
> R – Jacaré! (Mostrando apenas um dedo)
>
> P – Não, senhora!
>
> R – Já-ca-ré! (Mostrando os três dedos).
>
> Ex. 2) O par de palavras a ser comparado é: FACA/ CARRO
>
> R – Fa-ca! (Mostrando dois dedos) Fa-cão! (Rindo e continuando com os dois dedos levantados).
>
> L – Car-ro! (mostrando dois dedos)
>
> R e L – Empatou! (D1S3J1)[3]

A dupla de jogadores acima (Rayane e Lucas) era formada por duas crianças pertencentes a uma turma do Grupo V, ambas com cinco anos, que frequentavam uma escola pública municipal do Recife (Bezerra, 2008). Tais crianças possuíam nível inicial de conhecimentos sobre a escrita, ou seja, estavam na hipótese pré-silábica. Analisando as situações descritas acima, é possível perceber, no primeiro exemplo, a nítida tentativa de Rayane em querer levar vantagem, ao tentar diminuir a quantidade de sílabas da palavra colocada pelo parceiro.

---

[3] D1S3J1" significa: Dupla 1, na Sessão 3 com o Jogo 1: Batalha de palavras. Em todos os fragmentos transcritos serão usados: "P" para pesquisadora e as iniciais dos nomes das crianças (R- Rayane e L- Lucas).

No segundo exemplo, por sua vez, ela nomeia a figura de "facão" e não de "faca", parecendo indicar um desejo de aumentar o tamanho da palavra. Assim, embora ela saiba segmentar e contar sílabas de palavras, entendendo que o tamanho da palavra independe de sua representação física, tenta levar vantagem no jogo, lançando mão de um recurso que ela própria parece saber que não funciona.

Essa situação mostra que no jogo as crianças podem criar situações onde se possa "levar vantagem", "trapacear", "errar", com o intuito de ganhar, mas que o professor pode perceber os conhecimentos que as crianças apresentam em relação à habilidade de comparação de palavras, ou até mesmo, em relação ao realismo nominal[4] (CARRAHER; REGO, 1981 apud CARRAHER, 1988).

Diferentemente do trabalho com o texto rimado, descrito anteriormente, no jogo de rimas[5], as crianças refletem oralmente sobre sons finais, ao mesmo tempo em que comparam palavras rimadas, sem que, nesse momento, haja o confronto com a palavra escrita.

Nesse caso, as crianças apresentam dificuldades na identificação da palavra rimada, buscando identificar os sons iniciais semelhantes. As comparações das crianças parecem indicar a complexidade da tarefa de desvendar especificidades do SEA, ao mesmo tempo em que ilustra o papel do adulto na situação de jogo. Vejamos os fragmentos:

A pesquisadora retira do saquinho e lê a palavra: BUCHA (há a figura bule em uma das cartelas)

R – BU e CHA! (olha para a sua cartela e aponta para figura chave. Pega uma fichinha para marcar a figura chave dirigindo o olhar para a pesquisadora, que balança a cabeça negativamente).

---

[4] A partir dos estudos de Ferreiro e Teberosky (1985), constata-se que as crianças em níveis iniciais de elaboração sobre a escrita associam a notação da palavra com as características físicas do objeto que esta representa. Assim, as crianças começam a pensar, por exemplo, que a palavra "trem" deve ter mais letras do que a palavra "telefone" ou questionam a escrita da palavra "boi" com apenas três letras porque é um animal grande.

[5] Este jogo funciona semelhante ao jogo de bingo, em que o adulto presente chama uma palavra, e a criança identifica uma figura cujo nome rima com a palavra retirada do saquinho.

> P – Ele tem? (dirige a pergunta para que ela observe também a cartela do parceiro)
> R – Isso é o quê? (aponta para a palavra lida)
> P – Bucha!
> R – Bu! (isola a sílaba inicial e marca com a fichinha a figura bule na cartela de Lucas).
> R – Eu já ajudei dois! Ele não me ajuda nenhuma! Só eu que ajudei ele! (D1S3J2)

Nota-se que, além das dificuldades relatadas, o jogo possibilitou a aprendizagem e o auxílio de um parceiro mais experiente a outro menos experiente. Observando que a situação de jogo mobiliza uma série de comportamentos, é importante destacar que as situações de interação entre os jogadores foram de muita importância. Ou seja, o jogo possibilitou que a partir da resposta de um parceiro, o outro fosse auxiliado. Desse modo, funcionou como um instrumento que mobiliza aprendizagens múltiplas, isto é, o professor intervém para que os parceiros se auxiliem. Vejamos a situação abaixo:

> A pesquisadora retira do saquinho a palavra: BOLICHE (em apenas uma das cartelas tem a figura bota)
> (Rayane observa a sua cartela e indica com um gesto de balançar a cabeça que não há figura na sua cartela)
> P – Olha a cartela dele pra ver se tem! (sugerindo que Rayane ajude o colega a encontrar)
> R – Tem. BOTA! (Ela pega a fichinha e marca a figura na cartela dele. Lucas parece bastante disperso neste momento)
> P – Nem visse, hein! Ela te ajudou! (risos) (D1S3J2)

Observa-se que o trabalho de identificação de palavras com o mesmo som inicial pode ser desenvolvido tendo como apoio o texto rimado, tal como a professora do estudo de Aquino (2007) realiza numa atividade coletiva com as crianças. Vejamos:

> **Atividade envolvendo a parlenda "Corre cutia"**
>
> Leônia – Vejam, prestem atenção, casa começa com ca e caiu também começa com ca, aqui na frente, olhem! Onde é que começam as palavras?
> Prestem atenção! Antes vimos que rimam, que terminam igual. Agora é que começam.
> Leônia – Vamos pensar em outras palavras que começam do jeito da palavra casa?... Quem sabe?
> Leônia e crianças – carro, caderno, cadeado, cavalo, capa, caixa.
> (A professora vai escrevendo no quadro e lendo só as palavras que foram ditas com o som ca.)

Nota-se que no trabalho de reflexão sobre palavras com sons iniciais semelhantes, desenvolvido a partir do jogo e, associada ou aproveitada com o texto, a parlenda contribui para que os aprendizes possam confrontar seus conhecimentos.

Sabendo que a CF consiste numa constelação de habilidades e que aponta os diferentes níveis (GOSWAMI; BRYANT, 1990 apud FREITAS, 2004, p. 180), apresentaremos a seguir uma situação do jogo construindo a torre. Esse jogo mobilizou a identificação de fonemas iniciais e a comparação de palavras com o mesmo fonema. Conforme salientam Freitas (2004) e Guimarães (2003), a atividade de identificar e contar os segmentos fonêmicos das palavras é uma tarefa que exige alto nível de consciência fonológica, pois o caráter abstrato do fonema dificulta a percepção isolada dos sons.

Assim, as crianças identificam pares de palavras com os mesmos fonemas, a partir do conhecimento dos nomes das letras. Veja-se o fragmento a seguir:

> Diante da carta-pergunta: Quais das figuras abaixo têm os nomes que começam com o mesmo sonzinho? (Figuras: telha – livro – casa – luva)
> R – Eu já sei!

> L – Casa e luva! (formando um par de palavras e, provavelmente, identificando os sons finais das palavras)
>
> P – Casa /k/ e luva /l/? Não está igual! (enfatizando os fonemas iniciais)
>
> R – Já sei qual é!
>
> R – CA... Isso é o quê? (isolando a sílaba inicial da palavra casa e perguntando sobre a figura telha)
>
> P – Telha!
>
> R – Ca... te... lu... li! ca-sa... li! Não! (citando as sílabas iniciais das palavras casa, telha, luva e livro. Nota-se que, após as tentativas de identificar os pares de palavras com o mesmo fonema, Rayane parece desistir e passa a vez para o parceiro responder novamente)
>
> P – Ele já foi, agora é você! (A pesquisadora insiste para que ela responda)
>
> R – Luva com livro!
>
> P – Luva e livro! Por que você acha que tá igual?
>
> R – Porque é igual!
>
> P – O que está igual?
>
> R – A letra!
>
> P – Qual letra? Como assim?
>
> R – Lu e Li! Tá igual! (a pesquisadora confirma balançando a cabeça)
>
> R – Eu ganhei! (Risos)

A situação descrita reforça o que foi identificado no estudo de Leite (2006). O estudo mostrou que o conhecimento dos nomes das letras ajuda a criança a escrever. No entanto, a habilidade de conhecer os nomes das letras talvez tenha sido mais observada nas crianças com hipóteses de escrita mais avançadas. A autora ressalta ainda que as habilidades que envolvem consciência fonêmica e o nome das letras não constituem requisito para o aprendiz dominar as convenções do sistema de escrita, pois tais habilidades compõem apenas uma parte dos conhecimentos relativos ao SEA.

Ainda que existam diferenças entre o trabalho com jogos fora da sala de aula, é possível utilizar o estudo com os jogos de análise fonológica no cotidiano escolar.

As reflexões mobilizadas pelos jogos, bem como os "equívocos" dos jogadores, contribuem para que o professor possa aproveitá-los, nas reflexões e nos confrontos com o trabalho de sistematização com a escrita, juntamente com o trabalho sistemático com os textos rimados. Isto é, não são atividades isoladas, mas principalmente são atividades que, quando devidamente planejadas, podem exercer papel fundamental no auxilio à aprendizagem do sistema de escrita alfabética.

Algumas considerações importantes

A organização do trabalho pedagógico é um instrumento necessário à prática docente em qualquer nível de ensino, mas especialmente na educação infantil, visto que essa etapa da educação das crianças tem influência evidente sobre os níveis seguintes da sua trajetória escolar. Portanto, todo professor precisa planejar atividades cotidianas significativas que promovam a aquisição da leitura e da escrita. Como essa aquisição se dá não apenas de forma espontânea, mas de forma dirigida, consideramos ser papel do docente a intervenção planejada e organizada sobre os processos de aprendizagem.

O trabalho com a língua escrita a partir de uma abordagem lúdica na educação infantil é necessário ao processo de apropriação do SEA. Defendemos, neste capítulo, a importância de as crianças "brincarem" com as palavras, bem como a relevância do papel dos jogos na aprendizagem das crianças na educação infantil. Consideramos os jogos instrumentos significativos para viabilizar a construção de habilidades fonológicas.

Indicamos como instrumentos que ofereceram bons resultados na aprendizagem os textos rimados e os jogos de análise fonológica. Os exemplos que apresentamos traduzem nossa defesa em favor dos jogos na sala de aula, pois refletem os resultados positivos dessa proposta na aprendizagem de alunos e alunas, mobilizando diferentes níveis da consciência fonológica, desde a comparação do tamanho das palavras, os sons iniciais, a rima, até o nível da consciência fonêmica. Tais situações favorecem conhecimentos sobre os caminhos percorridos pelas crianças em relação às habilidades metafonológicas em situações de jogos ou não, propiciando pistas para uma intervenção pedagógica mais consciente e de melhor qualidade.

Por fim, ressaltamos que a aquisição da língua escrita não constitui uma atividade solitária. Ou seja, o professor, as crianças e os instrumentos didáticos utilizados na rotina escolar parecem ter um papel extremamente relevante para o desenvolvimento das várias habilidades envolvidas nessa conquista. Experimente!

Referências

ALBUQUERQUE, E.; MORAIS, A. G. Alfabetização e Letramento: O que são? Como se relacionam? Como "alfabetizar letrando"? In: ALBUQUERQUE, E. B. C.; LEAL, T. F. *A alfabetização de jovens e adultos em uma perspectiva de letramento*. Belo Horizonte: Autêntica, 2004.

BARRERA, S. D. Papel facilitador das habilidades metalinguísticas na aprendizagem da linguagem escrita. In: MALUF, R (Org). *Metalinguagem e aquisição da escrita: contribuição da pesquisa para a prática da alfabetização*. São Paulo: Casa do Psicólogo, 2003.

BORBA, A. M. O brincar como um modo de ser estar no mundo. In: BRASIL. Ministério da Educação. *Ensino fundamental de nove anos: orientações para a inclusão da criança de seis anos de idade*. Brasília: FNDE, 2006.

BRANDÃO, A. C. P.; GUIMARÃES, G. L. Concepções distintas de alfabetização: onde está a diferença? *Tópicos Educacionais*, v. 15, 1997.

BRASIL, Ministério da Educação. *Referencial Curricular para a Educação Infantil*. Brasília: MEC, 1998.

BROUGÈRE, G. *Jogo e educação*. Porto Alegre: Artes Médicas, 1998.

BRYANT, P. E.; BRADLEY, L. *Problemas de leitura na criança*. Porto Alegre: Artes Médicas, 1987.

BYRNE, B. Treinamento da consciência fonêmica em crianças pré-escolares: por que fazê-lo e qual seu efeito? In: CARDOSO-MARTINS, C. *Consciência Fonológica e Alfabetização*. Petrópolis: Vozes, 1995.

BYRNE, B.; FIELDING-BARNSLEY, R. Phonemic awareness and letter knowledge in child's acquisition of the alphabetic principle. *Journal of Educational Psychology*, v. 81, n. 3, p. 313-321, 1989.

CARDOSO-MARTINS, C. *Consciência fonológica e alfabetização*. Petrópolis: Vozes, 1995.

CARRAHER, T (Org.). *Aprender Pensando: Contribuições da psicologia cognitiva para a educação*. Petrópolis: Vozes, 1988.

FERREIRO, E.; TEBEROSKY, A. *Psicogênese da língua escrita*. Porto Alegre: Artes Médicas, 1985.

FREITAS, G. Sobre a Consciência Fonológica. In: LAMPRECHT, R. *Aquisição Fonológica do Português: Perfil de desenvolvimento e subsídios para terapia*. Porto Alegre: Artmed, 2004.

GUIMARÃES, S. O aperfeiçoamento da concepção alfabética de escrita: Relação entre a consciência fonológica e representações ortográficas. In: MALUF, R (Org.). *Metalinguagem e aquisição da escrita: contribuição da pesquisa para a prática da alfabetização*. São Paulo Casa do Psicólogo, 2003.

KAMII, C. *Desvendando a Aritmética: Implicações na teoria de Piaget*. São Paulo: Papirus, 1995.

KISHIMOTO, T. M. *Jogo, brinquedo, brincadeira e a educação*. São Paulo: Cortez, 2006.

KISHIMOTO, T. M. *O jogo e a Educação Infantil*. São Paulo: Pioneira, 1994.

LEAL, T. F.; ALBUQUERQUE, E. B.; LEITE, T. M. R. Jogos: alternativas didáticas para brincar alfabetizando (ou alfabetizar brincando?). In: MORAIS, A.; ALBUQUERQUE, E. B. C.; LEAL, T. (Org.). *Alfabetização: apropriação do sistema de escrita alfabética*. Belo Horizonte: Autêntica, 2005.

LEITE, T. M. B. R. *Alfabetização: Consciência Fonológica, Psicogênese da Escrita e conhecimento do nome das letras: um ponto de interseção*. Dissertação (Mestrado em Educação), UFPE, 2006.

LEAL, T. F.; SILVA, A. (Orgs.). *Recursos Didáticos e ensino da Língua Portuguesa: computadores, livros e muito mais*. Curitiba: Editora CRV, 2011.

MORAIS, A. G. A apropriação do sistema de notação alfabética e o desenvolvimento de habilidades de reflexão fonológica. *Letras de Hoje*, Porto Alegre, v. 39, n. 3, 2004.

MORAIS, A. G; SILVA, A. Consciência fonológica na Educação Infantil: desenvolvimento de habilidades metalingüísticas e aprendizado da escrita alfabética. In: BRANDÃO, A. C. P.; ROSA, E. C. S. *Ler e escrever na Educação Infantil: discutindo práticas pedagógicas*. Belo Horizonte: Autêntica, 2010.

MORAIS, A. G. A Pesquisa Psicolinguística de tipo construtivista e a formação de alfabetizadores no Brasil: contribuições e questões atuais. In: FRADE, I. C. A. S. (Org.) *Convergências e tensões no campo da formação e do trabalho docente*. Belo Horizonte: Autêntica, 2010.

MORAIS, A. G. Consciência fonológica e metodologias de alfabetização. *Presença Pedagógica*, v. 12, n. 70, p. 58-67, jul./ago. 2006.

REGO, L. B. L. Desenvolvimento cognitivo e prontidão para a alfabetização. In: CARRAHER, T. N. (Org.). *Aprender pensando: contribuições da Psicologia Cognitiva para a educação*. Petrópolis: Vozes, 1988.

REGO, L. B. L.; DUBEUX, M. H. Resultados de uma intervenção pedagógica no pré-escolar e no primeiro grau menor. In: BUARQUE, L.; REGO, L. B. (Org.). *Alfabetização e construtivismo: teoria e prática*. Recife: Editora Universitária da UFPE, 1994.

SCHÖN, D. A. Formar professores como profissionais reflexivos. In: NÓVOA, A. *Os professores e a sua formação*. Lisboa: Dom Quixote, 1995. p. 77-91.

TARDIF, M. *Saberes docentes e formação profissional*. Petrópolis: Vozes, 2002.

TEBEROSKY, A. *Psicopedagogia da língua escrita*. 11. ed. Petrópolis,Vozes, 2001.

TERZI, S. B. A *Construção da leitura*. Campinas. São Paulo: Pontes, 2006.

VYGOTSKY, L. S. *A formação social da mente: o desenvolvimento dos processos psicológicos superiores*. São Paulo: Martins Fontes, 1998.

ZEICHNER, K. M. *A formação reflexiva de professores: idéias e práticas*. Lisboa: Educa e Autor, 1993.

Capítulo 7

O ensino da análise linguística nas séries iniciais

Ana Catarina dos Santos Pereira Cabral
Ana Cláudia Rodrigues Gonçalves Pessoa
Juliana de Melo Lima

O domínio do sistema de escrita alfabética (SEA) está ligado à descoberta pelo aprendiz do que a escrita nota e de como cria essas notações, bem como da aprendizagem de seus usos e suas funções. Para que a criança compreenda o funcionamento do SEA, é necessário que o professor dos anos iniciais organize sua prática em função desses propósitos.

Concebemos que a notação escrita é um domínio específico de conhecimento e, como tal, deve ser entendida dentro de suas especificidades. Nessa perspectiva, compreender o processo de aprendizagem do sistema notacional como uma construção gradativa de conhecimentos torna-se fundamental. Sabemos que a criança constrói hipóteses sobre a escrita e testa essas hipóteses, porém começa também a perceber que existe uma convenção que limita as possibilidades na escrita. Essa descoberta pode ser facilitada pelo professor, que vai apresentar ao aprendiz tais convenções: a norma ortográfica.

Nesse sentido, propomos discutir neste capítulo sobre o ensino da análise linguística, mais precisamente sobre o SEA e a ortografia, a partir do trabalho com atividades sequenciais nos anos iniciais do ensino fundamental.

Organização da prática pedagógica

Nos cursos de formação continuada que ministramos é comum ouvir os professores afirmarem que na escola não se tem um tempo para planejar ou não se planeja porque já se tem muitos anos de ensino, e o planejamento já está "dentro da cabeça", entre outras afirmações. No entanto, também encontramos professores que apresentam outras perspectivas sobre o planejamento afirmando que planejam semanalmente e/ou mensalmente o trabalho e que nas reuniões realizadas na escola aproveitam para compartilhar o que foi vivenciado nas salas e, muitas vezes, inserem em seus planejamentos o que foi positivo no trabalho dos colegas.

Por meio dessas falas percebemos que os professores apresentam diferentes formas de organizar o trabalho pedagógico. Defendemos que, ao tratar sobre o planejamento, precisamos levar em consideração que esse é um modo de organização do tempo pedagógico pensado tanto no coletivo (que atividades posso desenvolver que contemplem os alunos com diferentes níveis de aprendizagem?) quanto individualmente (quais atividades posso realizar, que auxiliem os alunos que estão com dificuldades em algumas habilidades, necessárias ao ano em que estão inseridos?). Nesse sentido, ao planejar, devemos estar atentos a inúmeros aspectos: organização da sala, tipo de atividades, objetivos das atividades, dificuldades dos alunos, encaminhamentos para proposição das atividades, desafios para o grupo, metas a serem desenvolvidas no respectivo ano, materiais que serão utilizados, tempo destinado para a realização das atividades, entre outros. A falta de planejamento pode ocasionar atividades repetitivas, que podem não desafiar os alunos nas suas aprendizagens.

Em relação a tal questão, Libâneo destaca que:

> O planejamento escolar é uma tarefa docente que inclui tanto a previsão das atividades didáticas em termos da sua organização e coordenação em face dos objetivos propostos, quanto a sua revisão e adequação no decorrer do processo de ensino. O planejamento é um meio para se programar as ações docentes, mas é também um momento de pesquisa e reflexão intimamente ligado à avaliação (LIBÂNEO, 1990, p. 161).

Diante disso, é necessário que haja a garantia de um planejamento em qualquer modalidade educacional a fim de organizarmos o tempo pedagógico, pois

> [...] através da atividade de planejar, podemos refletir sobre nossas decisões, considerando as habilidades e os conhecimentos prévios dos alunos, e podemos conduzir melhor a aula, prevendo dificuldades dos alunos, organizando o tempo de forma mais sistemática e avaliando os resultados obtidos (LEAL, 2005, p. 76).

Desse modo, é essencial a construção de uma rotina que pode ser sistematizada através do planejamento, pois permite ao educador organizar sua prática; pensar sobre os objetivos de ensino que podem ser contemplados ao longo da semana; diversificar as atividades abordando as diferentes áreas do conhecimento e, no caso do ensino da Língua Portuguesa, permitir o trabalho com os diferentes eixos de ensino (leitura, produção de texto, análise linguística e oralidade), além de permitir aos alunos ter conhecimento das ações planejadas pelo professor de modo que possam saber quais atividades realizarão em cada dia da semana. Assim, entende-se que a

> [...] existência dessas rotinas possibilita ao professor distribuir com maior facilidade as atividades que ele considera importantes para a construção dos conhecimentos em determinado período, facilitando o planejamento diário das atividades didáticas (LEAL, 2009, p. 4).

Sendo assim, é possível estabelecer rotinas que contemplem diferentes tipos de atividades, organização dos alunos e do tempo pedagógico. Segundo Oliveira (1992, p. 76), "o estabelecimento de uma sequência básica de atividades diárias, a "rotina", é útil para orientar a criança a perceber a relação espaço-tempo, podendo aos poucos prever o funcionamento dos horários".

Precisamos refletir sobre a rotina de modo que ela auxilie não apenas a prática do professor, mas também a convivência do aluno em sala de aula. Assim, as novidades podem ser planejadas com base na estrutura orientadora da rotina, e a criança age num clima de maior segurança, estabilidade e consistência.

Portanto, um planejamento adequado facilita a organização do tempo pedagógico principalmente porque possibilita uma melhor preparação das diversas atividades a ser vivenciadas rumo ao atendimento dos diferentes objetivos didáticos que orientam o trabalho docente. São os diferentes objetivos didáticos e diferentes objetos de ensino que justificam a opção por adotarmos diversos tipos de organização do trabalho em sala de aula. Essa diversidade de modos de organizar o trabalho docente precisa ser foco de atenção nos estudos que tratam a prática pedagógica. Leal (2005, p. 77), ao tratar sobre planejamento didático, cita cinco formas de organização das atividades, entre outras possíveis: atividades permanentes, projetos didáticos, atividades sequenciais, atividades esporádicas e jogos.

Entre esses modelos de organização, nos deteremos nas atividades sequenciais, que são "formas que tradicionalmente os professores e as professoras têm adotado para articular diferentes partes de uma aula ou de aulas seguidas" (LEAL, 2005, p. 84). É de acordo com os objetivos de ensino que o educador fará uso de determinadas atividades, permitindo um aprofundamento sobre um conteúdo específico articulando-o com o que já foi trabalhado.

Ao desenvolver atividades sequenciais, podemos organizar os alunos de diferentes maneiras – individualmente, em duplas, em grupos –, de modo que os objetivos a serem alcançados visem à aprendizagem das crianças.

Nesse sentido, é importante refletirmos sobre como, por que e para que os docentes organizam o seu tempo pedagógico, bem como sobre a importância de um ensino sistemático no eixo da análise linguística, mais especificamente no que concerne o ensino da apropriação do sistema de escrita alfabética e da ortografia.

Desse modo, defendemos que as sequências de atividades, como uma modalidade de organização do tempo pedagógico, são importantes para o ensino da análise linguística. Porém, antes de entrar propriamente nessa discussão, é importante refletirmos sobre aspectos mais conceituais sobre o sistema de escrita alfabética e o ensino da ortografia.

O sistema de escrita alfabética e a norma ortográfica

Ao pensar na organização do tempo pedagógico envolvendo o ensino do sistema de escrita alfabética, levaremos em consideração os estudos sobre a psicogênese da língua escrita de Ferreiro e Teberosky (1984) em que se passou a defender uma concepção da escrita como representação da linguagem, processo em que a criança tem que compreender dois conjuntos de questões básicas: (1) O que a escrita representa? O significado da palavra (conceitos, ideias) ou o significante (os sons que pronunciamos)? e (2) Como é construída a representação? Quais são os seus princípios? O registro escrito se faz no nível da palavra, da sílaba ou num nível menor que a sílaba, o dos fonemas? Essa série de questionamentos que os sujeitos terão que fazer não implica que inventarão um novo sistema de escrita, mas terão que compreender como esse foi construído. Eles precisam entender o que a escrita nota (ou 'representa', 'grafa') e como a escrita cria essas notações (ou 'representações').

Dessa forma, para se apropriar da escrita, a criança precisa compreender uma série de princípios que constituem o nosso sistema notacional alfabético e que não envolvem apenas a memorização. Segundo Morais (2005, p. 42), a criança precisa compreender/aprender:

> 1) que se escreve com letras, que as letras não podem ser inventadas, que pra notar a palavras de uma língua existe um repertório finito (26, no caso do português); que letras, números e outros símbolos são diferentes; 2) que as letras têm formatos fixos (isto é, embora, p, q, b e d tenham o mesmo formato, a posição não pode variar, senão a letra muda); mas, também que uma mesma letra tem formatos variados, sem que elas, as letras, se confundam; 3) quais combinações de letras estão permitidas na língua (quais podem vir juntas) e que posição elas podem ocupar nas palavras (por exemplo, Q vem sempre junto de U e não existe palavra terminando com QU em português); 4) que as letras têm valores sonoros fixos, convencionalizados, mas várias letras têm mais de um valor sonoro (a letra O vale por /ó/, /ô/ e /u/, por exemplo) e, por outro lado, alguns sons são notados por letras diferentes (o som /s/ em português se escreve com S, C, SS, Ç, X, Z, SC, SÇ, etc.).

Na escrita concebida como sistema de notação, defende-se que esses conhecimentos são adquiridos de forma processual. A criança vai aos poucos formulando hipóteses e resolvendo-as, até conseguir compreender o sistema notacional alfabético e memorizar suas convenções.

Ferreiro e Teberosky (1984) defendem que a escrita segue uma linha evolutiva. Nesse processo de apropriação da notação alfabética a criança passa por alguns níveis de compreensão do funcionamento da escrita que vai do pré-silábico até o nível alfabético. Dessa forma, a concepção construtivista de alfabetização, inspirada em Ferreiro e Teberosky (1984), possibilita melhor entendimento da construção do conhecimento pelo aluno e suas implicações para a prática educativa. A partir dessa abordagem passou-se a questionar sobre o "como fazer", o "por que fazer" e o "para que fazer", tendo em conta como o aluno processa o conhecimento (sobre o SEA) e como o professor pode intervir nessa ação.

Tomando como referência essa concepção, o que passou a ser avaliado no processo de aprendizagem foram as conquistas dos alunos ao longo do período letivo, ao contrário da antiga concepção, que reduzia a aprendizagem ao resultado final que se desejava que o aluno obtivesse no final do ano escolar. O que antes era concebido como erro, passou agora a ser considerado como indicador do processo de aprendizagem dos sujeitos. Além disso, o objetivo da avaliação passou a se relacionar com as intervenções e atividades, com o planejamento que o professor deveria elaborar de acordo com a necessidade da sua sala de aula (ALBUQUERQUE; MORAIS, 2006).

Outro aspecto que deve ser priorizado no ensino da leitura e da escrita é o trabalho com a consciência fonológica, pois auxilia os aprendizes a refletir sobre alguns dos princípios do nosso sistema de escrita.

Segundo Morais (2006, p. 59) a consciência fonológica:

> [...] é um conjunto de habilidades metalinguísticas que permitem ao indivíduo refletir sobre os segmentos sonoros das palavras. O funcionamento que as caracteriza é metalinguístico, porque o sujeito reflete sobre a própria língua, em lugar de usá-la para se comunicar e apenas alcançar os propósitos

normais da vida cotidiana. E é fonológico porque opera sobre segmentos sonoros (sílabas, rimas, fonemas) que estão no interior das palavras.

Durante a apropriação do SEA, a criança começa a perceber que não existe uma relação direta entre sons e letras; desse modo, algumas letras podem representar vários sons, enquanto alguns sons podem ser representados por várias letras. Apesar de se deparar com questões ortográficas ainda durante a apropriação do SEA, de modo geral só após ter dominado o SEA, é que ela tende a se apropriar sistematicamente da norma ortográfica.

A norma ortográfica é uma convenção que unifica a escrita das palavras. Quando o aluno compreende a escrita alfabética e já consegue ler e escrever, significa que já aprendeu o funcionamento desse sistema de escrita, mas ainda desconhece a norma ortográfica. Por essa razão, alguns erros ortográficos ainda são detectados na produção escrita dos aprendizes (MORAIS, 1998).

Assim, salientamos que, como a ortografia é um "tipo de saber resultante de uma convenção, de negociação social e que assume um caráter normatizador, prescritivo" (MORAIS, 2002, p. 8), a escola deve garantir momentos sistemáticos de ensino para que os alunos compreendam como a escrita se organiza ortograficamente.

Na organização do tempo pedagógico é importante que o trabalho de ortografia esteja presente de forma sistemática por algumas razões:

- É uma convenção social, e a criança não tem como descobrir sozinha a norma ortográfica; por essa razão, é necessário seu ensino sistemático.
- Não há estágios fixos no aprendizado da ortografia. Ou seja, as regras ortográficas não são todas aprendidas ao mesmo tempo. Mesmo que todas as regras do tipo contextual façam parte da mesma regularidade, por exemplo, algumas são aprendidas mais cedo que outras (NUNES; BUARQUE; BRYANT, 1992; MEIRELES; CORREIA, 2005), assim como as regularidades morfológico-gramaticais (MELO, 2001). Na verdade, parece existir uma complexidade distinta entre regras de um mesmo tipo, tornando algumas de apreensão mais fácil que outras (PESSOA, 2007).

- Por mais semelhança que haja entre duas regras, o aprendizado de uma delas parece não implicar a transferência para a outra (uso de m ou n em final de sílaba, por exemplo); por isso, torna-se necessário trabalhar cada regra como um objeto específico dentro do domínio ortográfico (MELO, 1997; PESSOA, 2007).

De forma geral, o ensino da língua portuguesa na escola fundamental deve tornar o aluno competente comunicativamente, ou seja, capaz de usar a língua de acordo com sua necessidade discursiva. Dentro dessa perspectiva, o aluno deve ser levado a refletir sobre a língua em todos os seus aspectos, ou seja, além de ser capaz de realizar uma leitura com compreensão, deverá ser capaz de produzir gêneros textuais distintos para suprir suas necessidades. É importante ainda que sejam trabalhados aspectos de organização que comprometem a clareza, a coerência e a coesão dos seus textos, bem como os aspectos gramaticais.

Durante muitos anos o ensino da ortografia foi baseado exclusivamente na memorização; porém, é importante ter clareza de que a ortografia é dotada de regularidades e irregularidades. Segundo Morais (1998) as regularidades apresentam três tipos de regras, que podem ser compreendidas: diretas, contextuais e morfológico-gramaticais.

As relações *regulares diretas* são evidenciadas quando só existe na língua um grafema para notar determinado fonema, independentemente do contexto de aparecimento. Por exemplo, o **p** representará sempre o fonema /p/ (**p**ato, ca**p**a, cha**p**éu, entre outras).

As correspondências *regulares contextuais* ocorrem quando a relação letra-som é determinada pela posição em que a letra aparece dentro da palavra. Por exemplo: o uso do **c** ou **qu**, relaciona-se ao som /k/, dependendo da vogal que forme sílaba (**c**asa, pe**qu**eno).

As correspondências *regulares morfológico-gramaticais* são compostas de regras que envolvem morfemas ligados à formação de palavras tanto por derivação lexical quanto por flexão, além das flexões verbais (MORAIS, 1998). Por exemplo, o sufixo [eza] pode ser escrito com **s** ou com **z,** dependendo da classificação gramatical da palavra (portugu**esa**, pobr**eza**); a terceira pessoa do plural no futuro se escreve com **ão**, enquanto todas as outras formas da terceira pessoa do plural de todos os tempos verbais se escrevem com **m** no final (canta**m**, cantava**m**, cantara**m**).

No caso das *correspondências irregulares* não existe uma regra que ajude o aprendiz a selecionar a letra que deverá ser usada. Apenas um dicionário ou a memorização poderão ajudar nesses casos (MORAIS, 1998). Como observa esse autor, em nossa língua, os principais casos de irregularidade envolvem a notação dos fonemas /s/ (**s**eguro, **c**idade, au**x**ílio, ca**ss**ino, pi**s**cina, cre**sç**a, for**ç**a, e**xc**eto), /z/ (**z**ebu, ca**s**a, e**x**ame), /š/ (en**x**ada, en**ch**ente), /ž/ (**g**irafa, **j**iló) e o emprego do grafema **h** inicial (**h**ora, **h**arpa).

Assim, o ensino da ortografia deve ser desenvolvido no sentido de levar os alunos a compreender as regularidades da norma, e, ao mesmo tempo, tomar consciência das irregularidades da língua de modo que compreendam a pertinência de suas dúvidas nesse caso, buscando resolver as dúvidas através da consulta do dicionário, por exemplo.

Estudos apontam que um ensino sistemático da ortografia baseado no debate e na reflexão das restrições da norma ortográfica possibilita um melhor desempenho ortográfico (MELO, 1997; MOURA; MORAIS, 1999; MELO, 2001).

Diante do exposto, é importante que na construção do seu planejamento o professor tenha clareza das metas que pretende alcançar durante determinado ano letivo, mas sem perder de vista que o ritmo de aprendizagem dos alunos é distinto. Nesse sentido é recorrente ouvir os professores questionarem: o que faço com os alunos que ainda não sabem ler? O que fazer com os alunos que já dominam a escrita? Que atividades propor aos alunos que já dominam o sistema de escrita alfabética e precisam pensar nas questões de ortografia? O que fazer com os alunos que ainda não compreenderam o funcionamento do SEA? Como planejar sequências de atividades em sala que possam favorecer um trabalho diversificado com os alunos de modo que suas necessidades sejam sanadas?

A seguir discutiremos sobre a prática docente em relação às atividades voltadas para a aprendizagem do SEA e da ortografia, buscando refletir sobre as questões elencadas acima.

Refletindo sobre o trabalho docente

Neste momento iremos apresentar algumas propostas de trabalho de professoras dos anos iniciais que realizaram em sala de aula atividades sequenciais sobre o sistema de escrita alfabética e sobre a ortografia possibilitando que os alunos realizassem reflexões sobre a língua.

A professora Ana Teresa, de uma escola pública do município de Recife, lecionava numa turma de 1º ano do 1º ciclo (crianças com 6 anos ou o primeiro ano do ensino fundamental de nove anos), no ano 2008.

Observamos duas aulas desenvolvidas pela professora envolvendo a reflexão sobre alguns princípios do sistema de escrita em que não existia a simples memorização de letras e sons (CABRAL; MORAIS, 2008). Essas aulas fizeram parte de uma sequência de atividades em que a professora utilizou como referência o poema *Riminhas*, de Elias José. Segue abaixo um extrato da primeira aula.

A professora iniciou a aula convidando os alunos a realizar a leitura coletiva do poema *Riminhas*, de Elias José.

P: A gente vai fazer a leitura de um poema e depois vocês vão levar para casa, para ler com a mamãe e decorar. Outro dia a gente vai fazer uma tarefa com esse poema. Nós vamos ler um poema de Elias José, mais conhecido como Lalau. O título do poema é *Riminhas*. Por que esse nome?

A1: Porque tem rima.

A2: Eu já encontrei um nome que está rimando.

A professora leu um poema apontando para cada palavra lida no cartaz, e os alunos foram acompanhando. Depois a professora realizou algumas perguntas sobre o texto.

P: Por que Elias José colocou o nome do poema de *Riminhas*?

A1: Porque as palavras rimam.

A2: Porque rimam com os outros.

> P: Vocês me disseram que Elias José escreveu esse poema para colocar rimas. Eu quero que vocês digam que palavras rimam para que eu vá circulando. Eu vou ler outra vez e a gente vai circular as palavras que estão rimando. (A professora leu e os alunos foram completando.)
> P: Um fantasma com asma. Tem palavra rimando aí?
> As: Tem.
> A1: Fantasma e asma.
> P: Por que fantasma e asma?
> A: Porque tem asma.
> Escreveu a palavra fantasma no quadro e perguntou:
> P: Dentro de fantasma tem o nome asma?
> As: Tem.
> P: Vitória, venha no quadro circular a palavra asma.
> A aluna foi até o quadro e circulou a letra M.

Nesse extrato de observação percebemos que a atividade proposta pela professora permite aos alunos desenvolver a consciência fonológica, pensar sobre os segmentos sonoros que compõem a palavra, as rimas. Possibilita também aos alunos em hipóteses iniciais de escrita, a pensar sobre o que a escrita nota, que são as sequências de sons que pronunciamos e que na maioria das palavras são grafados da mesma forma.

> P: Eu acho que asma tem mais letras, quem sabe?
> Moisés foi até o quadro e circulou a palavra "asma".
> P: Tem mais letras, tá vendo, Vivi? Quais são as letras?
> As.: A, S, M, A.
> P: Vocês agora vão circular no caderno de vocês a palavra fantasma e asma.

> Os alunos circularam.
>
> Ao continuar a exploração do texto, Ana Teresa permitiu às crianças, mais especificamente, a Vitória, pensar que as palavras são formadas por letras, que essas letras têm um nome, que a ordem em que as letras aparecem na escrita corresponde à ordem em que os fonemas são pronunciados na pauta sonora.
>
> P: No nome fantasma tem a palavra asma, por isso o Eliás José disse "um fantasma com asma".
>
> A: Fantasma e asma já rimou.
>
> P: Eu queria que vocês descobrissem outra coisa dentro da palavra fantasma! Dentro da palavra fantasma tem o nome asma, mas também tem o nome de um refrigerante?
>
> A: FAN.
>
> A: Guaraná.
>
> A2: Fanta.
>
> P: Tem o nome fanta. Vamos circular a palavra Fanta?
>
> A professora fez esse procedimento com as outras palavras do texto. Em seguida leu-o juntamente com as crianças e solicitou que uma delas lesse o texto sozinha para a turma, apontando com o dedinho.

Nesse tipo de condução a professora ajuda principalmente os alunos com hipóteses silábica ou silábica-alfabética a pensar que as palavras são formadas por segmentos menores (sílabas e fonemas), bem como permite perceber que a ordem em que as letras aparecem na escrita corresponde à ordem em que os fonemas são pronunciados na pauta sonora. Também auxilia as crianças com hipóteses alfabéticas de escrita a consolidar algumas correspondências grafofônicas. Ao pedir que um aluno lesse o texto apontando com o dedinho auxiliou-os a pensar que, na maioria das vezes, se escreve da direita para esquerda de cima para baixo e que entre as palavras existem espaços.

Na segunda aula a professora seguiu o trabalho desenvolvido anteriormente, o que possibilitou o ensino sistemático sobre os princípios do SEA, a partir do planejamento de sequências de atividades.

A professora leu o texto novamente com os alunos e entregou a atividade de completar palavras dentro do texto *Riminhas*. Organizou a turma em grupos para a realização da atividade e propôs questões: lia uma parte do poema e pedia aos alunos que dissessem qual palavra estava faltando, perguntava quantas sílabas tinha aquela palavra, perguntava quais letras eram necessárias para realizar a atividade. Depois corrigiu a atividade coletivamente e leu o texto junto com as crianças.

Nos extratos de observação acima, percebemos que a professora mobilizou em duas aulas muitas reflexões sobre os princípios do nosso sistema de escrita. Os alunos foram incentivados a analisar que algumas palavras possuem similaridades, ou seja, terminam com o mesmo som, rimam. Esse tipo de reflexão foi feito tanto a partir da leitura, quando a professora pediu que os alunos identificassem as palavras que rimavam, quanto a partir da escrita, quando a docente solicitou aos alunos que completassem algumas palavras dentro do texto.

A atividade de contar as sílabas oralmente também permitiu às crianças refletir sobre as partes que compõem as palavras, ou seja, pensar sobre a relação entre escrita e pauta sonora, o que pode ajudar os alunos a superar o realismo nominal. O que escrevo no papel está relacionado ao som (significante), e não ao objeto em si, à ideia (significado).

Outros princípios também foram mobilizados, tais como a direção da escrita e o espaçamento entre as palavras, quando a professora leu apontando para as palavras dentro do texto; a ordem em que as letras aparecem na escrita corresponde à ordem em que os fonemas são pronunciados na pauta sonora, quando a professora realizou a atividade de decomposição de algumas palavras, entre outros.

Assim, ressaltamos a importância de atividades organizadas de forma sequencial, pois os alunos têm um ensino sistemático em que são contemplados os diferentes princípios do SEA, de maneira articulada e desafiadora para os diferentes níveis de escrita.

Observamos também o trabalho desenvolvido pela professora Elisabete da Escola Municipal Engenho do Meio, do município de Recife, em 2005, que ministrava aula para uma turma de 2º ano do 1º ciclo (crianças de 7 anos), com 25 alunos dos quais 10 estavam em hipóteses iniciais de escrita. Ela aproveitou então para trabalhar uma poesia de Elias José *A cobra* e refletiu coletivamente com as crianças sobre o sistema de escrita alfabética e sobre uma regra ortográfica como pode ser observado na transcrição de aula a seguir:

> Os alunos chegaram à sala e tiveram 15 minutos reservados para leitura livre. Logo após, a professora recorreu ao cartaz com o poema escrito em uma aula anterior em letra de imprensa maiúscula. Leu o cartaz, junto com os alunos apontando com o dedo para onde estava lendo.

É importante destacar que, no trecho da aula observada e transcrita, a professora procurou dar sequência ao trabalho que já vinha sendo desenvolvido pelos alunos em aulas anteriores. Em primeiro lugar, o poema em questão já era conhecido, logo era possível aos alunos acompanhar a leitura.

Nesse primeiro momento, a professora permitiu às crianças pensar que, na maioria das situações, se escreve da direita para esquerda, de cima para baixo e que há espaçamentos entre as palavras. A leitura do texto em diversos momentos também permitiu aos alunos memorizar algumas palavras, que acabam auxiliando na escrita e leitura de outras palavras. Em segundo lugar, o uso das letras maiúsculas de imprensa no cartaz, segundo Morais e Albuquerque (2004) por ter um traçado mais simplificado e de cada letra aparecer separada das demais, permite a reflexão necessária à reconstrução do objeto de conhecimento, no caso o sistema alfabético.

> Em seguida a professora, distribuiu para algumas crianças palavras que tinham no texto: "dobra", "desdobra", "carinho", "caminho" e pediu que identificassem quais palavras terminavam com o mesmo som. Depois os convidou a localizar algumas palavras no texto e identificar qual pedacinho terminava com o mesmo som.

No fragmento apresentado acima é possível notar que a professora não se contentou em apenas apresentar um poema para os alunos e ler junto com eles, mas buscou levá-los a pensar sobre os segmentos sonoros que compõem a palavra, a realizar uma análise fonológica sobre as partes similares que compõem as palavras. Isso também pode ser observado na atividade a seguir:

> Em seguida também pediu que contassem quantas sílabas tinham as palavras e quais eram maiores, bem como solicitou que dissessem outras palavras que começassem ou terminassem com o mesmo som das palavras identificadas e escreveu no quadro as palavras ditadas pelos alunos, destacando com outra cor o que tinha de parecido.
>
> Também aproveitou para refletir sobre a relação som-grafia. Perguntou aos alunos qual mudança havia ocorrido quando ela substituiu o grafema C da palavra cobra, pelo grafema S. Posteriormente perguntou o que ocorria ao trocar o grafema M da palavra caminho por R, e, por fim, perguntou o que mudaria ao acrescentar o grafema R na palavra temem. Após essas reflexões entregou uma atividade de completar algumas palavras dentro do texto e pediu aos alunos que a realizassem em dupla.

No fragmento acima a professora possibilitou aos alunos refletir sobre o que a escrita alfabética nota, ou seja, sua preocupação é mostrar que as letras representam unidades menores que as sílabas (os fonemas) e como esses devem ser organizados para a formação de palavras: a ordem de aparecimento das letras e os sons que as letras representam.

Lembramos mais uma vez que a forma de organização das atividades também é importante, ora a proposição de atividades é coletiva, ora em duplas, o que possibilita aos alunos checar suas hipóteses sobre o SEA, sozinhos e coletivamente.

Até o presente momento, as atividades sequenciais propostas pela professora estavam voltadas para análise do sistema de escrita. As próximas transcrições evidenciaram um momento direcionado à reflexão sobre a norma ortográfica. Os alunos precisam discutir que as letras representam os sons, porém é preciso ter clareza que essa correspondência não é direta, mas regida pela norma ortográfica.

> Dando continuidade aos trabalhos que vinha desenvolvendo ao longo da semana, no terceiro dia, a professora discutiu com as crianças sobre o R no início, no meio e final das palavras e criou uma tabela com as conclusões dos alunos. Primeiro perguntou as crianças quais palavras no texto tinham a letra R e as agrupou numa tabela. Pediu que as crianças dissessem outras palavras que tivessem o R com o som correspondente e acrescentou a palavra carrinho e roda e fez o mesmo comando.
>
> A professora problematizou as situações encontradas pelo grupo, levantando questionamentos: Não é carinho? Por que não é carinho? Fez o quadro abaixo com as conclusões dos alunos.

COBRA	CARINHO	TREMEM	RODA	CARRINHO

Nessa aula, além de continuar refletindo que as letras representam os sons e que, dependendo do local em que elas apareçam, podem determinar a formação de palavras distintas, a professora levou os alunos a construir hipóteses sobre as possibilidades do uso do grafema R. É importante notar que a professora não apresentou a regra ortográfica, mas possibilitou aos alunos discutir e buscar respostas para o que acontece com a escrita das palavras através da comparação. As conclusões dos alunos também são valorizadas pela professora através da construção de uma tabela que pode permitir a eles confrontar as hipóteses iniciais, quando encontram alguma palavra que foi de encontro às primeiras hipóteses construídas.

> Depois entregou outra atividade para os alunos que ainda não haviam se apropriado do SEA. Entregou um jogo de composição de palavras com o alfabeto móvel e, para os alunos que ainda não conheciam essa regra ortográfica, entregou uma atividade de completar palavras com os diferentes sons do R.

Observamos que a professora proporcionou aos alunos uma variedade de atividades que estão de acordo com as necessidades deles. Essa variação permite aos alunos que ainda não se apropriaram do SEA continuar refletindo sobre o sistema e evoluir nas suas hipóteses, bem como favorece aos alunos em estágios mais avançados continuar seu processo de crescimento sobre o conhecimento da língua. Ou seja, existe a preocupação da professora Elisabete em ensinar coletivamente levando em consideração o que os alunos já sabem e o que ainda precisam saber, contemplando diferentes níveis de aprendizagem, em relação tanto aos princípios do SEA como a questões ortográficas.

Os alunos nessas aulas foram mobilizados a pensar sobre as partes que compõem as palavras, tanto no nível da sílaba como no nível menor que a sílaba, sobre as similaridades existentes em algumas palavras, identificar palavras que começam e terminam com o mesmo som. Quanto às questões ortográficas, a escolha do texto pela professora favoreceu o ensino de uma regra específica, no caso o uso do R/RR que se trata de uma regularidade contextual. Outro aspecto positivo no trabalho da professora Elisabete foi trabalhar a apropriação do sistema paralelamente com o ensino da ortografia. Nas duas situações os alunos foram convidados a pensar sobre a língua.

Considerações finais

Para finalizar essa conversa, reafirmamos que, ao planejar nossas atividades, precisamos estar atentos ao modo de organização do tempo pedagógico pensando tanto no coletivo como nas especificidades de cada criança. Nos exemplos utilizados buscamos ressaltar a importância do trabalho sistemático envolvendo a apropriação do nosso sistema de escrita e da ortografia não distanciado do ensino dos usos e funções da escrita, além de procurar ressaltar a relevância do ensino do sistema de escrita, bem como da ortografia como objetos de conhecimento. Para tanto, é necessário que o ensino da ortografia e do sistema de escrita alfabético tenha espaço no tempo pedagógico de forma sistemática.

Referências

ALBUQUERQUE, E.; MORAIS, A. Avaliação e Alfabetização. In: MARCUSCHI, B.; SUASSUANA, L. (Orgs.). *Avaliação de língua portuguesa: contribuições para a prática pedagógica*. Belo Horizonte: Autêntica, 2006. p. 127-143.

ALBUQUERQUE, E; FERREIRA, A; MORAIS, A. G. *As práticas cotidianas de alfabetização: o que fazem as professoras?* ANPED, GT.10, 28° Reunião, Caxambú, MG. 2005. Disponível em: <http://www.anped.org.br>. Acesso em: 1 abr. 2008.

BRASIL Ministério da Educação. Secretaria de Educação Básica. *Ampliação do ensino fundamental para nove anos. Orientações Gerais*. Secretaria de Educação Básica. Brasília: Ministério da Educação, 2006.

CABRAL, A. C.; MORAIS, A. G. Um olhar sobre uma prática: o que faz uma professora de alfabetização diante das novas perspectivas de ensino? 18° Encontro de Pesquisa Educacional do Norte e Nordeste. *Anais...* Alagoas: 2007.

FERREIRO, E.; TEBEROSKY, A. *A psicogênese da língua escrita*. Porto Alegre: Artes Médicas, 1984.

FREITAS, G. Sobre a consciência fonológica. In: LAMPRECHT, R. (Org.). *Aquisição Fonológica do Português*. Porto Alegre: Artmed, 2004.

KATO, M. *No mundo da escrita: uma perspectiva psicolinguística*. São Paulo: Ática, 1986.

KLEIMAN, A. B. Modelos de Letramento e as práticas de alfabetização na escola. In: KLEIMAN, A. B. *Os significados do letramento: uma nova perspectiva sobre a prática social da escrita*. Campinas: Mercado de Letras, 1995. p. 15-61.

LEAL, T. *Estabelecendo metas e organizando o trabalho: o planejamento no cotidiano docente*. Recife: 2009. (no prelo)

LEAL, T. Organização do trabalho escolar e letramento. In: SANTOS, C. F.; MENDONÇA, M. *Alfabetização e letramento: conceitos e reflexões*. Belo Horizonte: Autêntica, 2005.

LIBÂNEO, J. C. O planejamento escolar. In. LIBÂNEO, J. C. *Didática*. São Paulo: Cortez, 1990.

MEIRELES, E. S; CORREIA, J. Regras contextuais e morfossintáticas na aquisição da ortografia da língua portuguesa por criança. *Psicologia Teoria e Pesquisa*, Brasília, v. 21, n. 1, jan./abr. 2005.

MELO, J. P. *Alternativas didáticas para o ensino das regras ortográficas de tipo morfológico: Um estudo em didática da língua portuguesa.* Dissertação (Mestrado), Universidade Federal de Pernambuco, Recife, 2001.

MELO, K. L. *Uma proposta alternativa para o ensino da ortografia.* Dissertação (Mestrado), Universidade Federal de Pernambuco, Recife, 1997.

MORAIS, A. G. A apropriação do sistema de notação alfabética e o desenvolvimento de habilidades de reflexão fonológica. *Letras de Hoje*, Porto Alegre, v. 39, n. 3, 2004, p. 35-48.

MORAIS, A. G. Consciência Fonológica e metodologias de alfabetização. *Presença Pedagógica*, Dimensão, v. 12, jul./ago. 2006, p. 59-67.

MORAIS, A. G. *Ortografia: ensinar e aprender*. São Paulo: Ática, 1998.

MORAIS, A. G. *Representaciones infantiles sobre la ortografia del português*. Tese (Ddoutorado), Universitat de Barcelona, 1995.

MORAIS, A. G. Se a escrita alfabética é um sistema notacional (e não um código), que implicações isto tem para a alfabetização? In: MORAIS, A.; ALBUQUERQUE, E.; LEAL, T. *Alfabetização: apropriação do sistema de escrita alfabético*. Belo Horizonte: Autêntica, 2005.

MORAIS, A. G.; ALBUQUERQUE, E. B. C. Alfabetização e letramento: o que são? Como se relacionam? Como alfabetizar letrando? In LEAL, T. F. e ALBUQUERQUE, E. B. C. *Alfabetizando jovens e adultos letrados: outro olhar sobre a educação de jovens e adultos*. Belo Horizonte: Autêntica, 2004.

MOURA, E; MORAIS, A. G. Repensando o Ensino e a Aprendizagem da Ortografia. In: XIV Encontro de Pesquisa Educacional do Nordeste, 1999, Salvador. *Anais...* 1999.

NUNES, T., BUARQUE, L., BRYANT, P. *Dificuldades na aprendizagem da leitura: teoria e prática*. 4. Ed. São Paulo: Cortez, 1992.

OLIVEIRA, Z. *Creches: crianças, faz de conta e cia*. Petrópolis: Vozes, 1992.

PESSOA, A. C. R. G. Relação entre habilidades de reflexão metalinguística e o domínio da ortografia em crianças. Tese (Doutorado), UFPE, 2007.

SCHNEUWLY, B.; DOLZ, J. et al. Os gêneros escolares – das práticas de linguagem aos objetos de ensino. In: SCHNEUWLY, B.; DOLZ, J. *Gêneros orais e escritos na escola*. Campinas: Mercado de letras, 2004.

SILVA, A.; MORAIS, A. G. Ensinando ortografia na escola. In: SILVA, A.; MORAIS, A. G.; MELO, K. L. R. (Orgs.). *Ortografia na sala de aula*. Belo Horizonte: Autêntica. 2005. p. 61-76.

SOARES, M. Concepções de linguagem e o ensino da língua portuguesa. In: BASTOS, N. B. (Org.). *Língua portuguesa: história, perspectivas e ensino*. São Paulo: Educ, 1998.

SOARES, M. Letramento e alfabetização: as muitas facetas. *Revista Brasileira de Educação*, Rio de Janeiro, n. 25 jan./abr. 2004.

SOARES, M. *Letramento: um tema em três gêneros*. 2. ed., 5. reimp. Belo Horizonte: Autêntica, 2002.

TFOUNI, L. *Adultos não alfabetizados: o avesso do avesso*. Campinas: Pontes, 1988.

TFOUNI, L. *Letramento e alfabetização*. São Paulo: Cortez, 1995.

Capítulo 8

Por que trabalhar com sequências didáticas?

Telma Ferraz Leal
Ana Carolina Perrusi Brandão
Rielda Karyna Albuquerque

Neste capítulo, nosso objetivo central é discutir sobre temas relativos à organização do trabalho pedagógico voltados para a apropriação dos conhecimentos sobre a língua, em especial, para o desenvolvimento de habilidades de leitura e escrita. Tais temas revestem-se de especial importância, dado que frequentemente professoras revelam dificuldades com o planejamento de atividades integradas.

Assim, ao que parece, muitos professores assumem a tarefa de ensinar, mas não desenvolvem estratégias de planejar e conduzir a ação didática de maneira mais articulada e organizada. Esse problema certamente tem relação com as condições de trabalho dos docentes, que comumente são desfavoráveis a esse tipo de prática. Como vem sendo discutido neste livro, tanto para os professores quanto para os estudantes a possibilidade de prever as metas que desejam alcançar, de selecionar o que vão ensinar/aprender e de planejar os modos como as atividades serão distribuídas são elementos indispensáveis para uma atuação mais ativa dos participantes do processo pedagógico. Esses procedimentos criam expectativas e possibilitam a ativação de experiências prévias, resultando, sem dúvida, em um trabalho de melhor qualidade, em que todos assumem, de modo mais explícito, a responsabilidade de ensinar e de aprender.

Em síntese, consideramos as sequências didáticas um dos modos possíveis de organização do trabalho pedagógico que podem possibilitar antecipações sobre o que será trabalhado em um período de tempo, além de indicar um leque de possibilidades de reflexões que poderá ser proposto com base nas atividades a ser vivenciadas.

Mas o que estamos denominando exatamente de sequência didática?

O conceito ampliado de sequência didática pode remeter a diferentes concepções de ensino e de aprendizagem que se materializam em propostas em que atividades sequenciais são planejadas com vistas a objetivos didáticos específicos. Isto é, as sequências seriam compostas por atividades integradas (uma atividade depende da outra e é relacionada a outra que já foi ou será realizada), organizadas sequencialmente, que tendem a culminar com a aprendizagem de um conceito, um fenômeno, habilidade ou conjunto de conceitos/habilidades de um campo do saber. Podemos, desse modo, identificar sequências didáticas em materiais instrucionais, como apostilas; sequências didáticas em livros didáticos; sequências didáticas planejadas e desenvolvidas por professores envolvendo diferentes componentes curriculares.

Partindo desse conceito amplo, poderíamos considerar, por exemplo, que as metodologias de instrução programada de base behaviorista (SKINNER, 1972), que têm como princípios a repetição e a memorização de conceitos, são também sequências didáticas. Obviamente, o fato de reconhecermos tal perspectiva como um exemplo de uma sequência didática não nos insere no rol dos que adotam/acreditam que esse tipo de organização do ensino seja o desejado para as nossas escolas atuais. Ao contrário, tal reflexão alerta para a necessidade de aprofundar sobre o que, de fato, queremos promover quando pretendemos adotar a sequência didática como modo de organização do ensino. Nesse contexto, um primeiro aspecto a considerar é a evidência de que certas características podem ser comuns às diferentes práticas de desenvolvimento de sequências didáticas, tais como a presença de atividades articuladas; presença de atividades previamente elaboradas;

valorização da sistematização dos saberes, aspectos também incluídos, por exemplo, na proposta de projetos didáticos. No entanto, há algumas diferenças entre as diversas proposições didáticas, que precisam ser explicitadas. Assim, é fundamental ter clareza sobre quais são os princípios que perpassam a nossa prática docente.

Com base no que foi exposto anteriormente, neste capítulo buscamos defender inicialmente o trabalho com sequências didáticas em uma perspectiva sociointeracionista. Para tal, faremos uma discussão sobre quais princípios estão subjacentes a essa concepção de ensino, em especial sobre aqueles princípios que se vinculam, mais especificamente, à organização de sequências didáticas centradas no trabalho com gêneros discursivos. Na segunda parte de artigo, discutiremos como tais princípios podem se concretizar na ação didática do trabalho com gêneros, analisando uma sequência didática planejada por um grupo de professoras que faziam parte de um projeto de pesquisa sobre *Argumentação e ensino*.

A sequência didática em uma perspectiva sociointeracionista: princípios subjacentes

Um dos autores que, na década de 1990, contribuiu bastante para o debate sobre organização do ensino, com foco na organização de sequências didáticas, foi Brousseau (1996). Esse autor sugeria que, no ensino da Matemática, podendo haver transferências para outras áreas, as atividades propostas pelos professores possibilitassem uma participação ativa dos estudantes, de modo que eles se sentissem estimulados continuamente a resolver problemas. Tal como discutimos em um texto anterior (LEAL, 2010, p. 105), esse autor sugeriu

> [...] uma forma de organização sequencial de atividades didáticas em que quatro fases são percorridas: situação de ação, situação de formulação, situação de validação e situação de institucionalização.
>
> Na situação de ação, o(a) professor(a) propõe um problema a ser resolvido (em qualquer área de conhecimento) e sugere que os alunos resolvam utilizando o que eles já sabem. Assim, os alunos tentam resolver o problema a partir dos

conhecimentos prévios que já dispõem. Na situação de formulação, os alunos são convidados a explicitar para um colega (ou mais de um) a sua resposta, dizendo como chegou até ela. As pessoas conversam e tentam chegar a uma resposta única ou são conduzidas a perceber que mais de uma resposta é possível diante da situação proposta. Num terceiro momento, os alunos são desafiados a resolver novos problemas utilizando os conhecimentos que construíram em dupla ou em grupo (situação de validação). Por fim, na situação de institucionalização, o(a) professor(a) ajuda os estudantes a sistematizar os conhecimentos que foram construídos, complementando o que for necessário, e comparando as várias respostas encontradas.

Analisando o modelo de sequenciação das atividades segundo Brousseau (1996), podemos apontar alguns princípios didáticos básicos contemplados pela proposta:

1. Valorização dos conhecimentos prévios dos estudantes;
2. Proposição de atividades desafiadoras, que estimulam a reflexão;
3. Ensino centrado na problematização;
4. Estímulo à explicitação verbal dos conhecimentos pelos estudantes;
5. Ênfase na sistematização dos saberes construídos;
6. Ensino centrado na interação entre alunos;
7. Progressão entre as atividades, com demandas crescentes quanto ao grau de complexidade.

Todos esses princípios são também adotados na proposta de organização de sequências didática elaborada por autores que trabalham na perspectiva dos gêneros discursivos para o ensino de produção e compreensão de textos, tal como o modelo sugerido por Dolz, Noverraz e Schneuwly (2004).

A proposição de sequências didáticas na perspectiva dos gêneros discursivos é justificada pela necessidade de dar acesso aos estudantes a diferentes gêneros que circulam socialmente (contos, fábulas, reportagens, notícias, cartas de leitores, cartas de reclamação, *e-mails*, biografias, relatos históricos, verbetes de enciclopédias, cartazes educativos, propagandas, entre outros), favorecendo uma participação mais autônoma nas diversas esferas sociais em que os textos circulam (esfera literária, jornalística, publicitária, dentre outras). Habilidades diversas de reflexão sobre as práticas de linguagem, produção e compreensão de textos orais e escritos podem ser contempladas no trabalho organizado em sequências didáticas, em uma perspectiva sociointeracionista, tal como a defendida por Dolz, Noverraz e Schneuwly (2004). Tais autores, ao apresentar os procedimentos desse modo de organização das ações didáticas, atentam ainda para a necessidade de que as sequências especifiquem objetivos e atividades dirigidas para problemas de diferentes níveis.

Por exemplo, podemos considerar que, no ensino de produção de textos, é necessário desenvolver atividades que ajudem os estudantes a construir representações adequadas das situações de escrita, o que implica habilidades de refletir sobre as finalidades, os destinatários, os espaços e os suportes de circulação dos textos; a gerar os conteúdos textuais (o que será dito); a construir as sequências linguísticas para expressar o que se quer dizer (linearização do texto); a usar recursos linguísticos variados e adequados às finalidades, a utilizar diferentes estratégias de planejamento, avaliação e revisão dos textos, entre outras.

Para dar conta dos diferentes níveis de tarefa, torna-se necessário obviamente realizar diferentes tipos de atividades. Para o ensino de produção de textos, os autores orientam, então, a realização de atividades *de observação e de análise de textos, tarefas simplificadas de produção de textos* e, finalmente, *propostas de elaboração de uma linguagem comum.*

Em relação às *atividades de observação e análise de textos*, os autores afirmam que tais propostas "podem ser realizadas a partir de um texto completo ou de uma parte de um texto; elas podem comparar vários textos de um mesmo gênero ou de gêneros diferentes, etc." (DOLZ; NOVERRAZ; SCHNEUWLY, 2004, p. 105). As situações de análise de textos, sem dúvida, são extremamente importantes para que os alunos possam perceber nuanças dos textos que circulam socialmente e possam tomar consciência de estratégias discursivas usadas por autores mais experientes. Por meio dessas análises, é possível apreender as regularidades que permitem que certo texto seja reconhecido como exemplar de determinado gênero, percebendo-se ainda a imensa flexibilidade que caracteriza muitos gêneros discursivos. A ênfase é no conhecimento do gênero ou no conteúdo do texto lido ou produzido?

Nas *tarefas simplificadas de produção textual*, por sua vez, é possível

> Descartar certos problemas de linguagem que ele [o autor do texto] deve, habitualmente, gerenciar simultaneamente (conforme os diferentes níveis de produção). O aluno pode, então, concentrar-se mais particularmente num aspecto preciso da elaboração de um texto. Entre outras, podem ser citadas as seguintes tarefas: reorganizar o conteúdo de uma descrição narrativa para um texto explicativo, inserir uma parte que falta num dado texto, revisar um texto em função de critérios bem definidos, elaborar refutações encadeadas ou a partir de uma resposta dada, encadear com uma questão, etc. (Dolz; Noverraz; Schneuwly, 2004, p. 105).

Em síntese, os autores sugerem que é preciso planejar atividades específicas para atender a necessidades de aprendizagem específicas.

Em relação ao terceiro item citado por Dolz, Noverraz e Schneuwly (2004) – *elaboração de uma linguagem comum* –, os autores dizem que tal tarefa é importante "para poder falar dos textos, comentá-los, quer se trate de seus próprios textos ou dos de outrem" (Dolz; Noverraz; Schneuwly, 2004, p. 105).

Ainda com respeito a esse tipo de atividade, é importante ressaltar que o uso da metalinguagem não significa necessariamente deslocar o foco do trabalho com o gênero simplesmente para a teorização, com ênfase exclusiva em definições e classificações, tal como costumava ocorrer no trabalho com a gramática nos currículos de língua portuguesa. Na verdade, uma linguagem comum deve ser construída para favorecer a troca de informações e reflexões sobre as situações em que os gêneros circulam, bem como para pensar sobre as formas composicionais mais reincidentes em textos pertencentes aos gêneros estudados e aos recursos linguísticos usados. Por exemplo, ao desenvolver um trabalho com notícias, é importante usar palavras como "depoimento", "jornal", "caderno de jornal", "manchete", "fato", "entrevistados", entre outras. As atividades, portanto, devem favorecer a interação em sala de aula, criando-se um espaço para falar sobre os textos e sobre as práticas de linguagem.

Consideramos, portanto, que ler e discutir sobre muitos exemplares do gênero em foco é, de fato, essencial para a familiarização dos alunos com os textos, ampliando sua compreensão das finalidades, dos tipos de interlocutores envolvidos, dos papéis sociais desempenhados pelas pessoas que interagem por meio desse instrumento, dos suportes em que tais textos circulam, das formas composicionais assumidas.

Concordamos com os autores citados, enfatizando a necessidade de garantir o desenvolvimento de estratégias de leitura importantes para a compreensão dos textos. Ler para atender às finalidades comumente relacionadas aos textos do gênero em foco é, assim, um tipo de atividade prioritário nas sequências didáticas, do nosso ponto de vista. Isso significa que não basta discutir sobre o que é uma notícia ou como ela se organiza. O fundamental é interagir por meio de notícias: ler para se informar e analisar melhor a realidade em que vive ou escrever para divulgar um fato importante.

Nessa perspectiva, acrescentamos a esse conjunto de atividades a indicação de promover situações diversificadas de produção de textos (produção coletiva, em grupo, em dupla, individual) para atender a finalidades e destinatários extraescolares. Isto é, ressaltamos a necessidade de desafiar os estudantes a escrever para outros leitores além dos professores e colegas. Sabemos evidentemente que uma das funções da escola é ensinar a ler e escrever, portanto eles leem e escrevem para aprender sobre a língua, mas sabemos também que, ao ler e escrever, os estudantes aprendem sobre si próprios e sobre a sociedade. Além disso, propostas com tais características motivam as crianças a participar das atividades de modo muito mais efetivo. Resta agora discutir como dar conta de tantos princípios em proposições concretas de trabalho. Trataremos dessa questão na próxima seção.

Como tais princípios podem ser materializados no planejamento docente?

Para responder tal questão faremos a seguir uma análise de um planejamento de uma sequência didática voltada para o ensino do gênero reportagem em turmas do 2º ciclo (anos 4 e 5 do ensino fundamental de 9 anos).

O planejamento foi feito coletivamente em encontros do grupo de pesquisa *Argumentação e ensino* que nesse período contou com a participação de professoras de escolas públicas atuando em turmas do 1º e 2º ciclos do ensino fundamental. Este grupo foi constituído para desenvolver o projeto de pesquisa *Apropriação de gêneros textuais da ordem do argumentar por crianças: análise da mediação de professoras no desenvolvimento de sequências didáticas*, financiado pelo CNPq e concluído em 2010, sob a coordenação das professoras Telma Ferraz Leal e Ana Carolina Perrusi Brandão. Tal projeto objetivou analisar situações de ensino e aprendizagem organizadas em forma de sequências didáticas voltadas para o trabalho de produção e compreensão de textos orais e escritos da ordem do argumentar. Nesse contexto, as sequências eram planejadas e implementadas, buscando-se investigar as estratégias de mediação adotadas pelas docentes e os conhecimentos explicitados por crianças e professoras acerca dos gêneros textuais em foco durante a condução das sequências.

Participaram do planejamento das sequências dez professoras, entre as quais, cinco (duas professoras do 1º ciclo e três do 2º ciclo) desenvolveram a sequência com reportagem.

A sequência foi planejada em nove módulos. Antes, porém, do planejamento dos módulos foi realizado um encontro do grupo de pesquisa para a elaboração da proposta de uma situação inicial. A situação inicial, tal como sugerido por Dolz, Noverraz e Schneuwly (2004), é composta por atividades de acesso coletivo a determinado gênero (conversa sobre o que os estudantes sabem sobre o gênero); leitura de um ou mais textos do gênero; proposição de que o grupo-classe se envolva com a aprendizagem desse gênero, com definição de uma produção final a ser alcançada após o desenvolvimento dos módulos; e realização de uma produção inicial.

Nessa primeira produção, os estudantes revelam suas habilidades e conhecimentos sobre o gênero discursivo estudado e suas potencialidades. Nesse sentido, os autores afirmam que: "essa etapa permite ao professor avaliar as capacidades já adquiridas e ajustar as atividades e os exercícios previstos na sequência às possibilidades e dificuldades reais de uma turma" (Dolz; Noverraz; Schneuwly, 2004, p. 98).

No nosso caso, a situação inicial contemplou a "apresentação da situação" e "primeira produção" da sequência, tendo sido dividida em cinco etapas:

---

1. Preparação para a leitura
   - Questões de recuperação de conhecimentos sobre o gênero
   - Questões sobre o suporte textual
   - Questões de antecipação a partir do título
2. Leitura silenciosa do texto
3. Interpretação oral do texto
   - Questões de recuperação de conhecimentos sobre o gênero
   - Questões de contextualização (data e local) em que o texto foi publicado
   - Questões de exploração da ilustração
   - Apreensão de sentido geral do texto, com base no título
4. Interpretação escrita do texto (cada aluno ou dupla receberá a atividade fotocopiada)
5. Produção de texto escrito (individual ou em dupla)

O texto proposto para a leitura na situação inicial foi uma reportagem publicada no jornal *O Globo* sobre a mania de muitos jovens de colecionar adesivos. Seguindo o planejamento, as crianças discutiriam sobre suas experiências anteriores de colecionar objetos, sendo procedida a leitura da reportagem pela professora. Por meio de questões de antecipação de sentidos, explorariam a manchete, a foto, analisando ainda o suporte onde o texto foi publicado: o jornal e o que seria possível encontrar em tal suporte.

Dando prosseguimento, uma segunda reportagem seria lida, dessa vez silenciosamente, sendo entregue uma folha com algumas questões sobre o texto a ser respondidas em dupla e por escrito. Na última etapa da situação inicial, foi proposta às crianças uma discussão sobre manias de colecionar dos colegas, sendo sugerido que elas fizessem anotações que pudessem ser utilizadas na escrita de uma reportagem sobre o tema, atividade que concluiu a etapa de produção inicial.

Na situação de escrita foi solicitada a produção de um jornal mural para colocar as reportagens produzidas pelos alunos. O comando dado para a atividade de escrita foi o seguinte:

> Escreva uma reportagem para colocar no jornal da escola falando sobre alguma mania de colecionar de jovens ou crianças. Você pode reler as anotações feitas pela professora no início dessa atividade. Após a escrita, releia sua reportagem para ver se não esqueceu nada. A sua reportagem vai ser colocada em um jornal mural, na parede, para que todos da escola possam ver.

Entre outras recomendações discutidas no grupo durante o planejamento da situação inicial, foi combinado que, antes de iniciar a atividade de produção de textos, as professoras deveriam reler a reportagem lida e discutida no primeiro momento do trabalho e relembrar o que discutiram sobre o gênero reportagem. Foi acertado ainda que elas poderiam retomar o que foi conversado em sala sobre as manias de colecionar de jovens ou crianças.

Como pode ser observado no planejamento, as crianças seriam solicitadas a refletir sobre o conteúdo do texto lido, tanto para dialogar com os autores quanto para produzir seus próprios textos. A reflexão sobre o gênero reportagem também foi estimulada com vistas à apreensão por parte das crianças de aspectos importantes de sua circulação na sociedade.

Como já destacamos, segundo Dolz, Noverraz e Schneuwly (2004), a partir da avaliação da produção inicial, o professor poderá definir o que irá ser trabalhado durante a sequência, a fim de desenvolver as capacidades de linguagem que realmente atendam às necessidades dos alunos. Assim, com base na avaliação da produção inicial dos alunos feita pelo grupo de pesquisa, identificamos algumas dificuldades, e foram definidos os seguintes objetivos para a sequência:

1. Reconhecer o gênero reportagem em meio a outros gêneros (relato pessoal, conto, entrevista);
2. Refletir sobre o suporte jornal: finalidades, organização, modos de circulação, cadernos/temáticas;
3. Identificar no jornal diferentes reportagens;
4. Reconhecer que as reportagens tratam de diferentes temáticas, que têm relação com fatos ocorridos na época de sua publicação;
5. Reconhecer que os destinatários desse gênero são plurais e que os jornais são dirigidos a diferentes tipos de público;
6. Reconhecer que as pessoas têm preferências por determinados cadernos (os cadernos têm públicos diversificados);
7. Refletir sobre as funções do título e do olho para construção de sentidos do texto;
8. Fazer antecipações com base no título e nas imagens relativas ao texto;
9. Identificar o tema de uma reportagem;
10. Identificar o fato gerador da reportagem;
11. Reconhecer pontos de vista presentes no texto na voz de diferentes atores;
12. Reconhecer nos textos diferentes recursos discursivos, tais como inserção de vozes de pessoas entrevistadas; uso de exemplos; uso de adjetivações; uso de conectivos argumentativos; dentre outros;
13. Identificar as justificativas usadas por diferentes atores presentes no texto para argumentar sobre seus pontos de vista;
14. Reconhecer relações de causa e efeito; comparação; oposição entre ideias contidas no texto;
15. Utilizar vocabulário e expressões próprias do gênero reportagem;
16. Inserir diferentes vozes no texto, usando estratégias próprias do gênero;
17. Usar exemplos para dar suporte aos argumentos apresentados no texto usando linguagem jornalística;
18. Organizar cronologicamente os fatos apresentados no texto, utilizando articuladores temporais para narrar as histórias relatadas nas reportagens;

19. Indicar, no texto, relações de causa e efeito; comparação; oposição entre ideias contidas no texto, com uso de coesivos adequados;
20. Construir títulos com características próprias do gênero;
21. Usar imagens para dar suporte e ilustrar o tema/fato apresentado na reportagem.

Analisando esses objetivos didáticos, podemos identificar alguns que são mais diretamente relacionados aos conhecimentos sobre o suporte e sobre o gênero (1 a 7), promovendo a apropriação de saberes sobre os modos de circulação de exemplares do gênero em foco. Outros objetivos são mais direcionados ao desenvolvimento de estratégias de leitura indispensáveis aos leitores de jornais (8 a 14), e outros mais relativos ao desenvolvimento de conhecimentos e habilidades de escrita desse gênero (15 a 21).

No entanto, é muito importante perceber que essas aprendizagens não são estanques umas em relação às outras, pois o desenvolvimento das estratégias de leitura favorece aprendizagens relativas à escrita de textos. Os conhecimentos sobre o gênero também auxiliam enormemente as atividades de leitura, já que propiciam as antecipações de sentido, a elaboração de inferências, ampliam a capacidade de analisar novos textos, além de favorecer as aprendizagens de escrita, pois possibilitam que estratégias usadas por outros escritores possam ser adotadas pelos menos experientes.

Também é importante ressaltar que, embora os objetivos explicitados acima estejam fortemente centrados nas características do gênero em foco, as aprendizagens com base no trabalho com reportagens podem ser transferidas para outros gêneros com os quais os primeiros mantêm semelhanças. Além disso, certas aprendizagens perpassam diferentes gêneros. As habilidades de elaborar inferências, por exemplo, tão necessárias não só para a leitura de reportagens, mas também para praticamente todos os textos que lemos. As habilidades de reconhecer diferentes pontos de vista que aparecem nos depoimentos das reportagens com certeza são utilizadas na leitura de textos didáticos, contos, entre outros. Ou seja, como reforçam Dolz, Noverraz e Schneuwly (2004, p. 122) há, de fato, "passagens e transferências possíveis no âmbito das dimensões comuns aos gêneros orais e escritos."

Com base nos objetivos selecionados pelas professoras, foram planejados os módulos da sequência didática a ser implementada em suas respectivas turmas. Segundo os autores, através dos módulos "os problemas colocados pelo gênero são trabalhados de maneira sistemática e aprofundada" (DOLZ; NOVERRAZ; SCHNEUWLY, 2004, p. 98), tornando possível ainda enfocar as dificuldades apresentadas pelos alunos na produção inicial.

Para discutir sobre a organização de uma sequência didática que contemple os princípios subjacentes a uma perspectiva sociointeracionista, que é o nosso propósito, apresentaremos e analisaremos o planejamento dos nove módulos elaborados no grupo de pesquisa para o trabalho com as crianças do 2º ciclo.[1]

Módulo 1

* Levantamento dos conhecimentos prévios por meio de conversa
  • Quem sabe o que é um jornal?
  • O que encontramos no jornal?
  • Quem já leu jornal?
* Exploração do jornal em pequenos grupos
  • Manusear um jornal completo
  • Responder questões escritas
  – Se quisermos comprar uma casa, onde encontraremos as informações?
  – Se quisermos saber os resultados do jogo de futebol?
  – Se quisermos saber sobre o aumento do pão?
  – Se quisermos saber quais filmes estão passando?
  – Socializar as respostas em grande grupo
* Leitura de uma reportagem, interpretando-a oralmente, por meio de conversa com o grupo e destacando que essa espécie de texto se chama reportagem

---

[1] É importante informar que a definição do número de aulas utilizado para o encaminhamento da produção inicial e implementação de cada módulo ficou a critério de cada professora considerando as especificidades de seu grupo de crianças.

Nesse primeiro módulo, podemos perceber que o planejamento objetivou aproximar as crianças do suporte jornal, levando-as a perceber a diversidade de temáticas tratadas nesse tipo de material e as motivando a ler jornais. Tinham também a intenção de mostrar que vários gêneros discursivos são encontrados nos jornais, entre eles, as reportagens. Assim, pretendia-se introduzir o gênero que iria ser trabalhado e um suporte em que comumente ele está presente. Lembramos, no entanto, que esse não era o primeiro contato dos alunos com reportagens, pois na situação inicial uma reportagem já tinha sido foco de leitura e discussão, e eles já haviam manipulado jornais.

Um ponto que merece atenção no planejamento é a escolha das reportagens a ser lidas para ou pelas crianças. Faz-se necessário, portanto, muita atenção aos interesses das crianças, bem como a questões como o tamanho e clareza do texto.

É preciso ressaltar também que as reflexões sobre o suporte textual têm importante papel na aproximação das crianças com outros materiais que circulam socialmente, podendo despertar a curiosidade delas para com o que pode ser lido. Por fim, destacamos que, em todas as aulas, a começar por esse módulo, havia a leitura de reportagens, com discussão de temáticas que, de acordo com as professoras que estavam planejando a sequência, seriam possivelmente de interesse das crianças. Desse modo, havia uma preocupação com a ampliação de saberes diversos sobre o mundo e desenvolvimento de estratégias de leitura que, como já foi dito, podem ser usadas em outras situações sociais.

Módulo 2

* Leitura de uma reportagem em pequenos grupos:
  • Ler uma reportagem (entregar uma cópia para cada grupo)
  – Discutir sobre a reportagem e responder questões de exploração do conteúdo textual
  (localização de informações, questões inferenciais, etc.)
* Discussão sobre a reportagem em grande grupo:
  • Socializar as respostas dos grupos, retomando partes do texto

* Listar características do gênero, produzindo um cartaz com as características listadas
* Leitura e discussão de duas reportagens sobre o mesmo tema em grande grupo (reportagens sobre amizade)
* Produção de uma reportagem em grupo sobre o mesmo tema das reportagens lidas, para colocar no jornal-mural.

No módulo 2, as crianças foram convidadas a ler e discutir várias reportagens. No primeiro momento, em pequenos grupos, elas deviam ler uma reportagem e responder as questões propostas pelas professoras. As questões requeriam a localização de informações no texto, a elaboração de inferências, o estabelecimento de relações entre partes do texto e a expressão de opinião. No segundo momento, em grande grupo, eram solicitadas a confrontar as respostas dadas e deveriam voltar aos trechos do texto quando necessário para justificar essas respostas. Assim, o foco do trabalho estava no desenvolvimento de diferentes estratégias de leitura.

No terceiro momento, as reflexões sobre o gênero foram priorizadas. Ou seja, por meio da mediação da professora, as crianças tinham que retomar conhecimentos já construídos anteriormente (conhecimentos prévios das situações extraescolares e conhecimentos construídos nas aulas anteriores) e sistematizá-los. Isto é, os alunos eram desafiados a teorizar sobre o gênero com base nas discussões e no contato com os textos lidos fora de sala de aula e em sala. Nessa sistematização, as docentes poderiam usar exemplos dos textos lidos, analisando suas configurações e características sociointerativas.

No quarto momento, voltariam, de acordo com o planejamento, a ler reportagens, sobre um mesmo tema, interpretá-las e compará-las, discutindo um assunto que seria mobilizado na atividade seguinte, de produção de textos.

Nota-se, portanto, que diferentes dimensões do ensino da língua estavam em foco nesse módulo: ampliação do universo cultural das crianças, com discussão sobre temáticas importantes para elas; desenvolvimento de estratégias de leitura, reflexões sobre os gêneros e as práticas de linguagem.

Na última atividade do módulo, as crianças teriam que escrever uma reportagem para fazer parte do jornal mural que haviam começado a organizar na situação inicial. A escrita de um novo texto era, desse modo, uma atividade significativa a ser realizada em condições de escrita bastante favoráveis considerando a finalidade (escrever sobre um tema de interesse da comunidade escolar: amizade, difundindo o que as pessoas pensam sobre esse tópico e ressaltando valores sociais importantes), os destinatários (comunidade escolar), o suporte (jornal mural da escola), além de terem sido contempladas informações sobre o gênero a ser produzido (reportagem),

Módulo 3

* Leitura de uma reportagem em grande grupo
  - Ler o texto
  - Discutir o texto, identificando os pontos de vista e justificativas, por meio de questionamentos aos alunos
* Leitura de outra reportagem, em pequenos grupos
  - Ler o texto e discutir
* Grande grupo: comparar as duas reportagens, buscando semelhanças e diferenças em relação aos conteúdos e à forma como os textos são escritos
* Retomar as características do gênero (leitura do cartaz produzido no módulo 2), para acrescentar o que considerarem necessário
* Leitura da segunda reportagem, em pequenos grupos
  - Ler os textos e responder as questões propostas
* Discussão em grande grupo
  - Socializar as respostas dos grupos
  - Discutir sobre as estratégias argumentativas usadas pelos autores

As estratégias de leitura novamente foram objeto de atenção nesse módulo. As crianças tinham que interpretar duas reportagens, primeiro, em pequenos grupos, respondendo a perguntas propostas pela professora e, depois, em grande grupo, por meio do confronto do que foi entendido por cada grupo.

O estabelecimento das relações de intertextualidade também foi incluído no planejamento tanto em relação ao conteúdo dos textos quanto em relação aos aspectos composicionais. Além disso, as crianças teriam que rever as características do gênero que foram listadas no cartaz produzido no módulo 2, o que constitui mais uma oportunidade de teorizar sobre o gênero, analisando concretamente como as estratégias discursivas são adotadas pelos autores e sistematizar os novos conhecimentos construídos. A atividade final buscava estimular a discussão sobre os recursos usados pelo autor do texto para conduzir os leitores a determinado ponto de vista sobre o tema em discussão.

Podemos novamente perceber que diferentes princípios sociointeracionistas estão presentes nas atividades propostas neste módulo.

Módulo 4

* Leitura de uma reportagem e discussão em grande grupo
* Retomada das características do gênero em grande grupo
  - Ler o cartaz com as características do gênero e acrescentar o que considerarem importante
* Revisão coletiva de um texto em grande grupo
  - Escolher juntamente com os alunos um texto que eles tenham gostado
  - Escrever o texto no quadro
  - Revisar coletivamente para colocar no jornal-mural

No módulo 4 o eixo de produção de textos era o foco central do trabalho, com a proposta de revisão coletiva de um texto produzido no módulo 2, uma atividade fundamental para ajudar as crianças a "analisar e revisar" seus próprios escritos e aprender sobre essa modalidade da linguagem e suas convenções gramaticais. É importante ressaltar que, como o texto seria escrito para dar conta de uma finalidade claramente delimitada, a revisão posterior torna-se uma fase indispensável do processo interativo, já que crianças serão solicitadas a revisar para causar efeitos de sentido nos interlocutores.

Vale frisar que, embora o eixo da leitura não fosse uma prioridade no planejamento deste módulo, houve a preocupação de dar continuidade à leitura/discussão de textos do gênero com a primeira atividade proposta no módulo. Assim, espera-se que as crianças continuem estimuladas a ler jornais, desenvolvendo estratégias de leitura variadas, além de ampliar seu universo cultural, por meio da apropriação de informações sobre temáticas relevantes para elas.

Ainda neste módulo vemos que os conhecimentos sobre o gênero são mobilizados novamente na sequência, com retomada das características do gênero e o acréscimo de aprendizagens. A própria atividade de revisão de um texto produzido anteriormente também poderá mobilizar reflexões sobre o gênero.

Módulo 5

* Leitura de uma manchete em grande grupo
  * Ler a manchete e discutir (A manchete é interessante? Chama a atenção de quem lê?)
  * Fazer antecipações com base na manchete
* Leitura do "olho" em grande grupo
  * Ler o olho da reportagem e discutir
  * Fazer antecipações com base no olho
* Leitura da reportagem em grande grupo
  Ler a reportagem e discutir
  * Reler a manchete e o olho, para verificar se eles realmente deram pistas para o que estava na reportagem
* Análise de manchetes em pequenos grupos
  * Manusear jornais para selecionar títulos que chamem a atenção
  * Fazer antecipações com base nas manchetes
* Análise das manchetes em grande grupo
  * Ler a manchete para o grande grupo, dizendo por que escolheram aquela manchete

- Escolher uma manchete para a professora ler a reportagem
- Leitura e discussão da reportagem pela professora
* Produção de manchetes em pequenos grupos (ou duplas)
  - Ler uma reportagem entregue pela professora (sem título)
  - Escolher uma manchete para a reportagem (entre 5 opções apresentadas pela professora)
  - Produzir o olho da reportagem
* Discussão sobre as reportagens e as manchetes em grande grupo
  - Expor para a turma o conteúdo da reportagem e ler a manchete escolhida; justificar a escolha e ler o "olho" produzido
  - Discutir, sob coordenação da professora, com leitura da manchete e do olho originais.
* Retomada das características do gênero em grande grupo
  - Ler o cartaz com as características do gênero reportagem e acrescentar o que considerarem importante.

No módulo 5, as crianças seriam desafiadas a ler e produzir manchetes, buscando-se desenvolver modos de ler comuns ao dia a dia dos leitores de jornais, já que frequentemente escolhemos o que vamos ler a partir da leitura de manchetes.

Além das manchetes, o olho das reportagens é uma das pistas que usamos para apreender os sentidos gerais dos textos e antecipar o que será tratado na matéria. Relacionar a matéria ao olho e à manchete é, portanto, uma maneira de auxiliar os alunos a desenvolver habilidades de apreensão de sentidos gerais, identificação de temas e ideias centrais desses textos. Vale salientar, no entanto, que nem sempre as manchetes antecipam claramente o que está dito no texto e podem até mesmo induzir os leitores a concluir "informações" que não constam na matéria. Discussões desse tipo podem ocorrer com base na leitura e análise de reportagens de modo que as crianças possam perceber que nem sempre o objetivo de quem escreveu a matéria é apenas informar.

Módulo 6

* Leitura de uma reportagem em grande grupo
– Ler a reportagem
– Discutir sobre a reportagem, enfocando o tema e chamando atenção para a inserção de depoimentos e exemplos dados sobre o tema; provocar os alunos a falar se concordam ou não com o que os entrevistados estão falando.
* Exploração das estratégias de inserção de vozes e exemplos nos textos
– Ler uma outra reportagem entregue pela professora
– Responder as perguntas propostas pela professora:
– Sobre o que o texto trata?
– Quem foram as pessoas entrevistadas?
– Quem deu os seguintes depoimentos? (colocar uma lista dos depoimentos e uma lista com os nomes dos entrevistados envolvidos; inserir trecho com fala do próprio autor,
– Discussão com socialização das respostas
* Exploração das estratégias de inserção de argumentos no texto
– Ler uma reportagem em grande grupo, com discussão destacando os exemplos usados para argumentar a favor ou contra posições: no caso da reportagem lida seriam os prós e contras sobre os *Rebeldes*
– Entregar uma folha para pequenos grupos, com as duas posições presentes no texto e pedir que coloquem tudo o que foi dito para fortalecer cada uma das posições
* Retomada das características do gênero em grande grupo
– Ler o cartaz com as características do gênero reportagem e acrescentar o que considerarem importante

Uma das características das reportagens é a estratégia de inserção de diferentes pontos de vista sobre um acontecimento ou um tema por meio de depoimentos de pessoas entrevistadas. Neste módulo, as crianças teriam que analisar quais posições estariam presentes no texto, identificando quem estaria defendendo cada posição. Nos módulos anteriores, a identificação de diferentes pontos de vista nas reportagens já vinha sendo estimulada, com base em perguntas sobre o que determinada pessoa citada no texto teria falado. No entanto, neste módulo, foi dada uma atenção especial a essa habilidade, buscando-se uma sistematização de conhecimentos que provavelmente já deveriam estar sendo construídos nos módulos anteriores. Nesse sentido, o retorno ao cartaz com as características do gênero não ocorreu ao acaso. Ao contrário, a tentativa era retomar e explicitar uma importante característica do gênero reportagem.

Vale salientar ainda que tal característica não é enfocada apenas como um conhecimento em abstrato do gênero, e sim como uma forma de os alunos reconhecerem, nos textos, a dimensão polifônica e a existência de diferentes pontos de vista em uma determinada reportagem. Nesse contexto, as atividades propostas neste módulo podem proporcionar discussões ricas sobre o que as pessoas citadas em uma reportagem pensam sobre um fato ou uma ideia, levando as crianças a emitir suas próprias opiniões e confrontá-las com as opiniões dos colegas, do autor do texto ou das pessoas citadas por ele. Dessa forma, os alunos poderão, sem dúvida, aprofundar seus conhecimentos sobre fenômenos sociais diversos, além de desenvolver habilidades para uma leitura crítica.

Módulo 7

* Produção de reportagens
  - Leitura de reportagens ou assistir a um vídeo sobre um tema de interesse das crianças
  - Discutir sobre o tema em grande grupo
  - Retomar as características do gênero reportagem, por meio da leitura do cartaz
  - Produzir em dupla, uma reportagem sobre o tema em questão

Como é possível notar, no módulo 7 o eixo de produção de textos é prioridade, e as reportagens escritas seriam expostas no jornal-mural da escola. Destacamos, no entanto, que no planejamento estavam propostas atividades de leitura de reportagens, com a intenção de retomar as características do gênero, o que segundo as docentes facilitaria a escrita pelas crianças. A leitura também foi planejada como uma forma de ativar e construir conhecimentos sobre o tema objeto de escrita, pois o tema escolhido foi contemplado em várias reportagens lidas nos módulos anteriores. Isto é, partimos do princípio de que, para ter o que dizer em seus textos, não se pode propor a escrita sobre um tema que acabou de ser introduzido na discussão.

Módulo 8

* Exploração da linguagem jornalística
  - Escolher uma reportagem produzida no módulo anterior
  - Ler e revisar o texto no grande grupo, fazendo os ajustes que aproximem mais o texto de outros exemplares do gênero;
  - Ler e revisar o texto destacando os conectivos usados corretamente e melhorando o texto com a substituição de conectivos quando necessário

*Completar uma reportagem que contém lacunas no local de certos conectivos (entregar os conectivos a ser usados para o preenchimento das lacunas em papel cortado)
  - Discutir sobre as escolhas dos conectivos

* Retomada das características do gênero reportagem em grande grupo
  - Ler o cartaz com as características do gênero e acrescentar o que considerarem importante

Como vimos, o eixo de análise linguística estava presente em diferentes módulos da sequência, tanto nas situações em que as crianças são solicitadas a produzir, ler e discutir o cartaz com as características do gênero, quanto nas situações de revisão textual e nas de leitura, quando voltam ao texto para buscar pistas que confirmem sua interpretação. No entanto, no planejamento desta aula, esse eixo foi mais fortemente enfocado, pois se procurou propor ajustes numa reportagem produzida por eles, na busca de fazer com que melhor atendessem às características do gênero já discutidas. Nesse mesmo módulo, também foi priorizado um conteúdo gramatical importante na leitura e na produção de reportagens: a coesão textual. Como sabemos, o uso de conjunções é fundamental para que as crianças aprendam a analisar mais detidamente as partes do texto, articulando-as. Tal conhecimento pode evidentemente ser transferido para outros gêneros, conforme discutido anteriormente.

Módulo 9

* Identificação de reportagens entre textos de outros gêneros em pequenos grupos
  - Ler textos de gêneros diferentes (reportagem, relato pessoal, conto, entrevista) e
  - identificar qual é uma reportagem
  - Apresentar as conclusões de cada grupo e discutir, em grande grupo, as justificativas para o texto escolhido
  - Discussão, com retomada das características do gênero reportagem, com base na leitura do cartaz (completar o que considerarem importante)

A sistematização de saberes foi o princípio que orientou o módulo 9. O planejamento dessa parte da sequência buscou garantir que as crianças retomassem tudo o que foi discutido durante a sequência e fizessem uma síntese, aplicando o que aprenderam para justificar por que um determinado texto pode ser identificado como uma reportagem.

A retomada final do cartaz com as características do gênero seria, segundo as docentes, um modo de fazer com que os alunos fechassem um ciclo, antes de realizarem a última atividade de escrita da sequência didática, que será discutida a seguir.

A situação final

A sequência é finalizada com uma produção final que dá ao aluno a possibilidade de pôr em prática as noções e os instrumentos elaborados separadamente nos módulos. Essa produção permite, também, ao professor realizar uma avaliação somativa (DOLZ; NOVERRAZ; SCHNEUWLY, 2004, p. 106).

Seguindo a proposta dos autores, a situação final foi organizada em quatro partes:

---

* Produção de uma reportagem
  - Dividir a turma em duplas (as mesmas que fizeram a produção inicial)
  - Assistir a um filme sobre algum tema polêmico ou ler uma reportagem sobre o tema
  - Escrever uma reportagem sobre o tema para ser colocado no jornal mural
  - Responder a uma atividade para avaliação da compreensão de textos

---

Em uma das turmas, por exemplo, foi planejada a leitura de uma reportagem sobre infância/brincadeira de rua ou em casa. A partir dessa leitura, foi proposto um levantamento de dados através de listas sobre as brincadeiras que os alunos gostam de fazer na rua, em casa e na escola, além de uma entrevista com pais e outros alunos sobre a questão: "Crianças podem brincar na rua? Por quê?"

Após a retomada das características do gênero reportagem elaboradas pelas crianças durante a sequência e com base nas discussões sobre o tema já encaminhadas, os alunos seriam convidados a fazer uma produção de uma reportagem sobre a seguinte questão: "Crianças devem brincar na rua?".

Considerações finais

O planejamento da sequência didática apresentado e discutido na seção anterior mostra que diferentes princípios de um ensino centrado numa perspectiva sociointeracionista estão presentes ao longo do trabalho. Assim, a proposição de atividades desafiadoras, que estimulam a reflexão pode ser identificada tanto quando as crianças trabalham em pequenos grupos para interpretar textos e socializar suas respostas no grande grupo, quanto nas propostas de escrita de reportagens para publicação no jornal-mural na escola. Vemos também que o ensino estava inteiramente centrado na interação entre alunos e na problematização. Não se propõe, portanto, um trabalho em que a professora simplesmente expõe o conteúdo. Ao contrário, em todos os módulos planejados há várias oportunidades de resgate dos conhecimentos das crianças sobre os temas tratados e os gêneros, estimulando-se a troca e explicitação verbal das crianças e professora, bem como a sistematização dos saberes construídos.

Como ressaltamos anteriormente, o planejamento da sequência didática foi elaborado por um grupo de pesquisa constituído por professoras da UFPE, alunas da pós-graduação em Educação, alunas da graduação em Pedagogia e Letras e professoras da Educação Básica. Durante a elaboração, muitas decisões que precisaram ser tomadas foram amparadas pelas análises das atividades de leitura e de produção de textos do gênero enfocado, que eram trazidas pelas professoras envolvidas na implementação da sequência. Esse tipo de condução – avaliar para planejar – característico de uma proposta de sequência pedagógica é, ao nosso ver, um ponto bastante positivo, que merece ser destacado nesse tipo de organização do trabalho docente.

A definição clara dos objetivos a ser atendidos também é extremamente importante para garantir que nos vários momentos da sequência as crianças possam mobilizar conceitos e pôr em ação habilidades em desenvolvimento. De fato, por meio da análise do planejamento de sequência didática para o ensino de reportagem vimos que uma habilidade pode ser contemplada em diferentes aulas e em tipos distintos de atividades. Ao mesmo tempo, destacamos que uma única atividade pode mobilizar diferentes conhecimentos e estimular a emergência de diferentes habilidades.

Outro destaque que fazemos é que tal tipo de sequência pode promover reflexões gerais sobre o gênero e atividades de compreensão e produção de textos diferentes do mesmo gênero. A atenção a essas duas formas de tratamento didático é importante porque promove a familiaridade com o gênero e os conhecimentos sobre as situações em que ele circula. Além disso, amplia as possibilidades de compreender e produzir cada vez melhor os textos e, assim, interagir por meio desse instrumento. Desse modo, defendemos a necessidade de garantir, nas sequências didáticas, muitas atividades de leitura, realizadas com propósitos diferentes, atividades de produção de textos, para atingir finalidades que sejam significativas para as crianças em situações semelhantes às realizadas fora da escola e atividades de reflexão sobre as práticas de linguagem e situações em que o gênero que se quer ensinar circula. Em outras palavras, entendemos que as sequências devem favorecer o trabalho com os vários eixos de ensino: leitura, produção de textos escritos, oralidade, análise linguística, de modo integrado, conforme foi proposto no planejamento exemplificado aqui.

Salientamos ainda que o trabalho com sequência didática não é evidentemente a única forma de conduzir o ensino de gêneros textuais, porém o esforço de focar de modo muito sistemático no ensino de determinado tópico traz certamente amplos benefícios que serão estendidos para outras práticas de linguagem, conforme discutido anteriormente. Salientamos também que há, como foi dito no início deste artigo, diferentes modos de organizar uma sequência didática. Assim, a intenção aqui não é formular uma receita didática ou uma proposta única e, muito menos, infalível. Buscamos apenas analisar um exemplo de uma possibilidade didática. Dessa forma, ao implementar a sequência proposta aqui ou qualquer outra planejada, sem dúvida, surgirão questões não pensadas colocando certos limites e novas demandas para o trabalho.

Finalmente, um aspecto extremamente positivo dessa proposta é a possibilidade de contemplar temas transversais, garantindo que os estudantes realizem ações dirigidas a provocar efeitos na sociedade, ampliando-se, assim, suas capacidades de agir para provocar mudanças, para combater preconceitos, para lutar por seus direitos, interagindo, de modo cada vez mais autônomo e competente, nas esferas sociais.

Referências

BROUSSEAU, G. *Fondements et méthodes de la didactiques des mathématiques*. *RDM*, v. 7, n. 2, 1996.

DOLZ, J.; NOVERRAZ, M.; SCHNEUWLY, B. Sequência didática para o oral e a escrita: apresentação de um procedimento. In: SCHNEUWLY, B.; DOLZ, J. *Gêneros orais e escritos na escola.* Tradução de Glaís Sales Cordeiro e Roxane Rojo, Campinas: Mercado de Letras, 2004.

LEAL, T. F. Estabelecendo metas e organizando o trabalho: o planejamento no cotidiano docente In: *Alfabetizar letrando na EJA: fundamentos teóricos e propostas didáticas.* 1. ed. Belo Horizonte: Autêntica, 2010, v. 1, p. 93-112.

SKINNER, B. F. *Tecnologia do ensino.* São Paulo: EPU, EDUSP, 1972.

As autoras

Organizadoras

Andréa Tereza Brito Ferreira

Doutora em Sociologia pela UFPE e pós-doutora em Educação na Universidade Paris 8 – Saint-Denis. Professora no Departamento de Educação da Universidade Federal Rural de Pernambuco. Membro do Centro de Estudos em Educação e Linguagem (CEEL/UFPE), onde desenvolve atividades de formação de professores, produção e análise de materiais didáticos (livros e jogos) e de propostas curriculares. Atua no Programa de Pós-Graduação em Educação da UFPE, orientando dissertações e teses no Núcleo de Educação e Linguagem.

E-mail: andreatbrito@gmail.com

Ester Calland de Sousa Rosa

Doutora em Psicologia pela Universidade de São Paulo. Professora no Departamento de Psicologia e Orientação Educacionais da Universidade Federal de Pernambuco e membro do Centro de Estudos em Educação e Linguagem (CEEL/UFPE). Atuou, entre 2005 e 2008, como Diretora de Ensino da Secretaria de Educação do Recife, sendo responsável pelo programa de formação continuada dos docentes e pela implementação da proposta pedagógica da rede. Como membro do CEEL, atua na formação continuada de professores, na assessoria a redes públicas de ensino e na análise e produção de materiais didáticos, com ênfase nas questões de ensino da leitura. Atualmente pesquisa sobre bibliotecas escolares e atuação pedagógica nesses espaços educativos.

E-mail: esterosa@uol.com.br

Autoras dos capítulos

Ana Carolina Perrusi Brandão

Professora no Centro de Educação da Universidade Federal de Pernambuco e PhD em Psicologia pela University of Sussex. Atua no Programa de Pós-Graduação em Educação, orientando teses e dissertações na área de leitura e escrita na educação infantil, alfabetização e compreensão de textos escritos nas séries iniciais. É membro do Centro de Estudos em Educação e Linguagem (CEEL/UFPE) e desenvolve atividades de formação de professores, produção e análise de materiais didáticos de apoio ao professor.

E-mail: carol.perrrusi@ufpe.br

Ana Catarina dos Santos Pereira Cabral

É doutoranda em Educação, professora na graduação do curso de Pedagogia da Universidade Federal Rural de Pernambuco. Desenvolve pesquisas sobre alfabetização e ensino da língua portuguesa. É também coordenadora e pesquisadora do Centro de Estudos em Educação e Linguagem (CEEL/UFPE), no qual participa de diversos programas vinculados ao MEC ou às secretarias municipais de educação do país, desenvolvendo atividades de formação de professores, produção e análise de materiais didáticos, tais como: PNLD, PNLA, PNBE e Provinha Brasil.

E-mail: anacatarinacabral@yahoo.com.br

Ana Cláudia Rodrigues Gonçalves Pessoa

Doutora em Educação pela Universidade Federal de Pernambuco. Atua como professora no Departamento de Métodos e Técnicas de Ensino do Centro de Educação da UFPE. É também coordenadora e pesquisadora do Centro de Estudos em Educação e Linguagem (CEEL/UFPE), onde desenvolve atividades de formação de professores e produção e análise de materiais didáticos (livros e jogos). Tem experiência na área de Educação, com ênfase em Ensino-Aprendizagem, pesquisando principalmente os seguintes temas: ortografia, habilidades metafonológicas e alfabetização.

E-mail: aclaudiapessoa@gmail.com

Eliana Borges Correia de Albuquerque

Doutora em Educação pela Universidade Federal de Minas Gerais (UFMG). Atua como professora no Departamento de Psicologia e Orientação Educacionais e no Programa de Pós-Graduação em educação do Centro de Educação da Universidade Federal de Pernambuco (UFPE). É membro do Centro de Estudos em Educação e Linguagem (CEEL/UFPE), onde desenvolve atividades de formação de professores, produção e análise de materiais didáticos (livros e jogos) e de propostas curriculares. Desenvolve e orienta investigações nas seguintes áreas e temas: didática da língua portuguesa, alfabetização e formação de professores.

E-mail: elianaba@terra.com.br

Fernanda Guarany Mendonça Leite

Mestre em Educação pela UFPE. Professora das disciplinas pedagógicas na licenciatura em Física do CEFET/RJ e membro do Centro de Estudos em Educação e Linguagem (CEEL/UFPE). Coordenadora pedagógica da Rede Nacional de Formação Continuada de Professores no CEFET/RJ, atualmente pesquisa formação de professores e práticas pedagógicas.

E-mail: fgmleite@yahoo.com.br

Ivanda Maria Martins Silva

Doutora em Letras pela Universidade Federal de Pernambuco (UFPE), professora do Programa de Pós-Graduação em Tecnologia e Gestão em Educação àDistância da Universidade Federal Rural de Pernambuco (UFRPE). Docente e coordenadora do curso de Letras (UAB) na Unidade Acadêmica de Educação a Distância e Tecnologia da UFRPE. Membro do Centro de Estudos em Educação e Linguagem (CEEL/UFPE), com experiência na formação continuada de professores da educação básica. Atualmente desenvolve pesquisas sobre letramento digital e produção de materiais didáticos para Educação à Distância.

E-mail: martins.ivanda@gmail.com

Juliana de Melo Lima

Doutoranda e Mestre em Educação, graduada em Pedagogia pela Universidade Federal de Pernambuco. Atua no apoio pedagógico e administrativo do Centro de Estudos em Educação e Linguagem (CEEL/UFPE), onde desenvolve atividades de formação de professores e produção e análise de materiais didáticos (livros e jogos). Assessora a coordenação de um colégio da rede privada do Recife e desenvolve pesquisas sobre o ensino dos gêneros discursivos e avaliação.

E-mail: ju.mlima@yahoo.com.br

Marília Coutinho-Monnier

Doutora em Educação pela Universidade Federal de Pernambuco. Atua como coordenadora pedagógica do Centro Epide de Margny-lès-Compiègne (França). Atuou como professora das séries iniciais por dez anos e possui experiência consolidada na área de alfabetização e letramento. É membro do Centro de Estudos em Educação e Linguagem (CEEL/UFPE), tendo desenvolvido atividades ligadas, essencialmente, à formação de professores, produção e avaliação de materiais didáticos.

E-mail: mariliacm@ymail.com

Rielda Karyna Albuquerque

Mestranda em Educação, especialista em Alfabetização pela Faculdade Frassinetti do Recife (FAFIRE) e graduada em Pedagogia pela Universidade Federal de Pernambuco. É professora na Rede Municipal de Jaboatão dos Guararapes e atua no apoio pedagógico e administrativo do Centro de Estudos em Educação e Linguagem (CEEL/UFPE).

E-mail: rieldalbuquerque@gmail.com

Severina Érika Morais da Silva Guerra

Professora da Rede Municipal do Recife desde 2009, possui mestrado em Educação pela Universidade Federal de Pernambuco. É membro do Centro de Estudos em Educação e Linguagem (CEEL/UFPE), onde desenvolve atividades de formação de professores e assessoria pedagógica. Tem experiência na área de Educação, com ênfase em produção de textos e argumentação.

E-mail: erikaguerra2002br@yahoo.com.br

Socorro Barros de Aquino

Mestre em Educação e professora da Rede Municipal do Recife, trabalha com educação infantil desde 1997. Atuou, entre 2001 e 2004, na Gerência de Educação Infantil da Rede do Recife. É professora formadora do PARFOR, com as disciplinas Fundamentos da Educação Infantil, Recreação Infantil, Estágio Supervisionado em Educação Infantil e Ensino Fundamental. Pesquisa a aquisição da escrita com crianças de quatro e cinco anos e formação de professores da educação infantil. Membro colaborador do CEEL/UFPE, atualmente trabalha no Conselho Municipal de Educação do Recife.

E-mail: aquinosocorro@yahoo.com.br

Telma Ferraz Leal

Doutora em Psicologia pela Universidade Federal de Pernambuco, atua como professora da UFPE, no Centro de Educação. Tem experiência na área de Educação, com ênfase em Ensino-Aprendizagem, pesquisando principalmente os seguintes temas: produção de textos, metodologia de ensino, alfabetização, ensino e leitura. É membro do Centro de Estudos em Educação e Linguagem (CEEL/UFPE), onde desenvolve atividades de formação de professores, produção e análise de materiais didáticos (livros e jogos) e de propostas curriculares. Atua no Programa de Pós-Graduação em Educação da UFPE, orientando dissertações e teses no Núcleo de Educação e Linguagem.

E-mail: tfleal@terra.com.br

Valéria Suely S. Barza Bezerra

Professora da Rede Municipal do Recife, atua na educação infantil e no ensino fundamental desde 1995. Mestre em educação pela UFPE, é formadora do Centro de Estudos em Educação e Linguagem (CEEL/UFPE). Professora do curso de Pedagogia da Faculdade Osman Lins (FACOL), ministra as disciplinas Fundamentos da Educação Infantil, Jogos na Educação (EPI V) e Literatura Infantojuvenil. Atualmente compõe a Comissão de Verificação do Conselho Municipal de Educação em função técnico-pedagógica.

E-mail: valeriabarza@hotmail.com

Este livro foi composto com tipografia Times New Roman e impresso
em papel Off Set 75 g na Formato Artes Gráficas.